# 文学家的故事

**主　编**　何晓波　梁　胜
**副主编**　徐　立　陈　雨　陈　纯
　　　　　吴引引

大师名家故事系列丛书

# THE STORIES OF PSYCHOLOGIST
# 心理学家的故事

何晓波 梁胜·主编

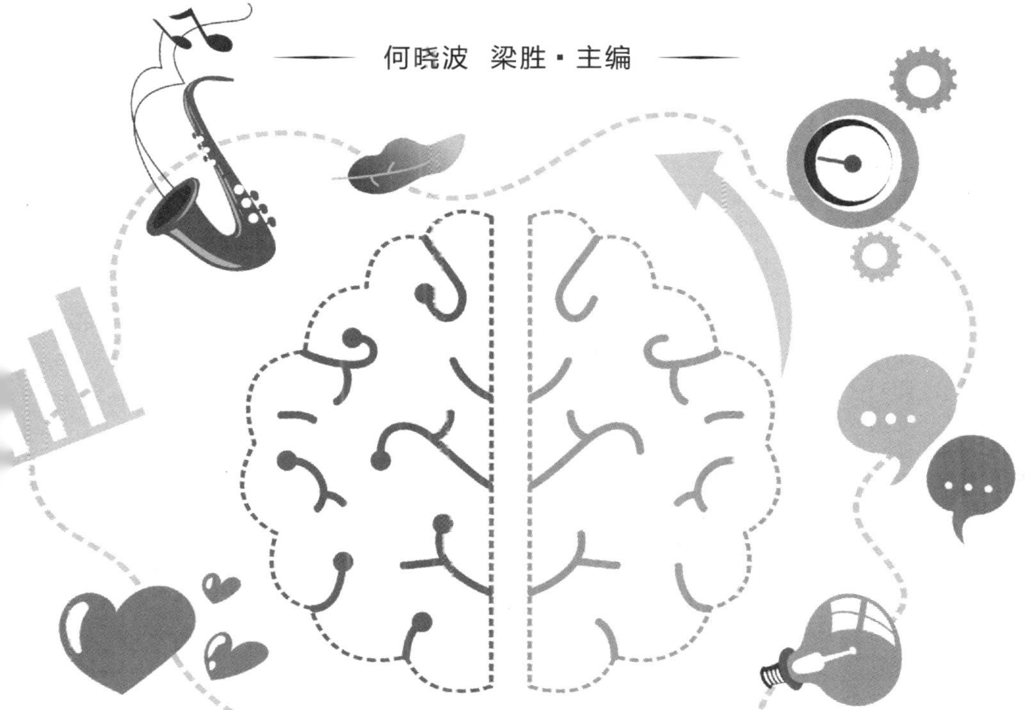

四川大学出版社

项目策划：梁　胜　陈　纯
责任编辑：陈　纯
责任校对：孙滨蓉
封面设计：璞信文化
责任印制：王　炜

### 图书在版编目（CIP）数据

心理学家的故事 / 何晓波，梁胜主编. — 成都：四川大学出版社，2020.12
ISBN 978-7-5690-3670-1

Ⅰ. ①心… Ⅱ. ①何… ②梁… Ⅲ. ①心理学家－生平事迹－世界－通俗读物 Ⅳ. ① K815.1-49

中国版本图书馆CIP数据核字（2020）第 019115 号

| 书名 | 心理学家的故事 |
| --- | --- |
|  | XINLI XUEJIA DE GUSHI |
| 主　编 | 何晓波　梁　胜 |
| 出　版 | 四川大学出版社 |
| 地　址 | 成都市一环路南一段24号（610065） |
| 发　行 | 四川大学出版社 |
| 书　号 | ISBN 978-7-5690-3670-1 |
| 印前制作 | 四川胜翔数码印务设计有限公司 |
| 印　刷 | 成都金龙印务有限责任公司 |
| 成品尺寸 | 148mm×210mm |
| 印　张 | 8.5 |
| 字　数 | 231千字 |
| 版　次 | 2021年1月第1版 |
| 印　次 | 2021年1月第1次印刷 |
| 定　价 | 36.00元 |

版权所有 ◆ 侵权必究

◆ 读者邮购本书，请与本社发行科联系。
电话：(028)85408408/(028)85401670/(028)86408023　邮政编码：610065
◆ 本社图书如有印装质量问题，请寄回出版社调换。
◆ 网址：http://press.scu.edu.cn

四川大学出版社
微信公众号

# 名人名言

1. 心理学乃研究心理作用之科学，即研究精神作用之科学也。

　　　　　　　　　　　　　　　——〔中国〕陈大齐

2. 我的志向是：为人民服务，为国家尽瘁！

　　　　　　　　　　　　　　　——〔中国〕陈鹤琴

3. 心理学有一个长的过去，但却只有一个短的历史。

　　　　　　　　　　　　　　　——〔德国〕艾宾浩斯

4. 知识的保持和复现，在很大程度上依赖于有关的心理活动第一次出现时注意和兴趣的强度。

　　　　　　　　　　　　　　　——〔德国〕艾宾浩斯

5. 一个小人物的救助永远是一种伟大的救助，最伟大的因素正是由于他的渺小。

　　　　　　　　　　　　　　　——〔美国〕威廉·詹姆斯

6. 播下一个行动，收获一种习惯；播下一种习惯，收获一种性格；播下一种性格，收获一种命运。

　　　　　　　　　　　　　　　——〔美国〕威廉·詹姆斯

7. 一个人的人格就是这个人过去所有人生体验的总和。

　　　　　　　　　　　　　　　——〔美国〕罗杰斯

8. 人生有两大快乐：一个是没有得到你心爱的东西，于是可以寻求和创造；另一个是得到了你心爱的东西，于是可以去品味和体验。

　　　　　　　　　　　　　　　——〔奥地利〕弗洛伊德

9. 没有一个人是住在客观的世界里，我们都居住在一个各自赋予其意义的主观的世界。

——［奥地利］阿德勒

10. 每天安静地坐十五分钟，倾听你的气息，感觉它，感觉你自己，并且试着什么都不想。

——［美国］艾瑞克·弗洛姆

11. 人的一切行为几乎都是操作性强化的结果。

——［美国］斯金纳

12. 人格乃是我们所有的各种习惯系统的最后产物。

——［美国］华生

13. 环境改变的程度越高，则人格改变的程度也越高。

——［美国］华生

14. 文化的最后成果是人格。

——［瑞士］荣格

15. 创造不是来自智力，而是来源于内在需要的游戏本能。

——［瑞士］荣格

## 写在前面的话

人类社会之所以薪火相传、绵延不绝并不断走向辉煌，一个重要的原因就是人类对与自己相关的一切都怀有强烈的好奇心，并且愿意孜孜不倦地去探究、发明与创造。在认识、改造、创新世界的同时，人类也认识、改造、创新着自身。在这个充满刺激与浪漫的历程中，那些不断闪烁着智慧光辉的名字更是推动世界进步的重要力量。没有他们，也许这个世界不会是今天的模样。这些奋斗在政治、经济、军事、科学技术等各个领域的精英伟人们或用他们的道德力量，或用他们彪炳千秋的丰功伟业，穿越时空的藩篱，召唤着我们的灵魂，涤荡着我们的心灵。

走近他们，认识他们，亲近他们，在时空的轴上与他们对话，从他们创造的精神财富中吸取养分，获得创造的力量，在润泽、养育精神世界的同时，激励认识世界的勇气，提升改造世界的能力，自然成为后来者的责任。

　　虽然编写的是这样一本小册子，但我们却不敢掉以轻心，生怕损坏了一个个精致的圣品，因而总是怀着一份虔诚，一份感激，一份小心，犹如绣花一般，做着这样一件意义重大的事。

　　希望读者在阅读这些故事的时候能与我们产生共鸣！

　　人物故事以时间顺序排序。

　　向所有被引用文献的原创作者致以崇高的敬意。

编　者<br>2020.5

# 目 录

## 第一部分　外国心理学家的故事

威廉·冯特……………………………………………（3）
弗朗兹·布伦塔诺……………………………………（9）
威廉·詹姆斯…………………………………………（15）
巴甫洛夫………………………………………………（25）
赫尔曼·艾宾浩斯……………………………………（33）
弗洛伊德………………………………………………（38）
斯金纳…………………………………………………（44）
铁钦纳…………………………………………………（49）
阿德勒…………………………………………………（55）
麦独孤…………………………………………………（61）
华　生…………………………………………………（69）
荣　格…………………………………………………（76）
考夫卡…………………………………………………（84）
勒　温…………………………………………………（90）
让·皮亚杰……………………………………………（100）
维果茨基………………………………………………（106）
罗杰斯…………………………………………………（116）
马斯洛…………………………………………………（122）
罗洛·梅………………………………………………（129）
班杜拉…………………………………………………（135）

## 第二部分　中国心理学家的故事

陈大齐……………………………………………（143）
陈鹤琴……………………………………………（149）
陆志韦……………………………………………（156）
高觉敷……………………………………………（162）
潘　菽……………………………………………（169）
郭任远……………………………………………（174）
陈　立……………………………………………（179）
朱智贤……………………………………………（184）
丁　瓒……………………………………………（189）
曹日昌……………………………………………（195）

## 第三部分　心理学史话

第一编　外国心理学史………………………………（203）
第二编　中国心理学史………………………………（226）

附录1：中外心理学大事记………………………（243）
附录2：心理学家中英文姓名对照表……………（254）
附录3：历届心理学家诺贝尔奖得主（1973—2017年）
　　　　………………………………………………（259）

参考文献……………………………………………（260）

· 第一部分 ·
# 外国心理学家的故事

# 威廉·冯特

> 提示语：心理学奠基人，实验心理学之父。

威廉·冯特（1832年8月16日—1920年8月31日），德国心理学家、哲学家，第一个心理学实验室的创立者，构造主义心理学的代表人物。他的《生理心理学原理》是近代心理学史上一部很重要的著作。

在2500多年的时间里，心理学就像一个流浪儿，一会儿敲敲生理学的门，一会儿敲敲伦理学的门，一会儿又敲敲认识论的门。给科学心理学安家落户的是一个德国人，他就是被称为心理学奠基人的威廉·冯特。大部分权威的说法显示，心理学诞生于1879年12月的某一天。这以前的一切，从泰勒斯到费希纳，全都是心理学的进化史。

心理学的诞生是件默不出声的琐事，未曾有一丝张扬。这天，在莱比锡大学一栋叫作孔维特（寄宿性的招待所）的破旧建筑物三楼的一间小屋子里，一位中年教授和两位年轻人正张罗一些器具准备实验。他们在一张桌子上装了一台微时测定器（一种铜制的，像一座钟一样的机械装置，上面吊着一个重物，还有两块圆盘）、发声器（一个金属架子，上面升起一只长臂，有只球会从这里落下来，掉在一个平台上）和报务员的发报键、电池及一台变阻器。然后，他们把这五件东西用线连接起来，这套电路比今天电气培训初学者所用的电路不会复杂到哪里去。

安装这套设备的三位是：威廉·冯特教授，一位47岁的男人，脸长长的，一身简朴的装束，满脸浓密的胡须；他的两位年轻学生——德国人马克斯·弗里德里奇、美国人G·斯坦利·黑尔。这套设备是为弗里德里奇做的，他要用这套东西收集博士论文所需的数据。他的博士论文题目是"知觉的长度"——即受试者感知他听到球已经落在平台上，到他按动发报键之间的时间。没有记载写明那天是谁负责让球落下，谁坐在发报键跟前。随着那只球"砰"的一声落在平台上，和发报键"喀"地一响，微时测定器记录下所耗费的时间宣告现代心理学的时代到来了。

这间屋子被冯特称为"私人研究所"。几年之后，这个地方成了想当心理学家的人必去的"麦加圣地"，而且得到了大规模的扩建，最后还被命名为正式的心理学研究院。

正是因为这间研究所，冯特在很大程度上被认为不仅仅是心理学的奠基人之一，而且是现代心理学最主要的创始人。正是在这里，他进行了自己的心理学研究，并以他的实验室方法和理论培养了许多研究生。他还从这里送出了新心理学的教师——他亲自指导了近200名博士的论文答辩——把他们送往欧洲和美国的大学机构。另外，他创作了一系列的学术论文和卷帙浩繁的著作，使心理学作为一个有自己身份的科学领域确立下来。他本人是第一位可以被合适地称为心理学家，而不只是对心理学有兴趣的生理学家、物理学家或者哲学家的科学家。

冯特最令人吃惊的一件事是，这孩子怎会成长为这样一位了不起的人？在他的童年和青年时代，没有动力，也缺乏那份才气，他看上去完全不像个会有半点出息的人，更不用说会成为科学界和高等教育界一位杰出的巨人。

冯特1832年出生于德国西南部的曼海姆附近的内卡劳，可算是出身于书香门第。他父亲是村里的路德教牧师，可他的祖辈却出有大学校长、医生和学者。在冯特出生后的许多年里,他一直没有显出才气来,对学习也没有什么特别的兴趣。孩童时期,他唯一的好朋友是一个智障男孩,而在学校读书时,他习惯性地走神,神情恍惚。冯特读一年级的时候,有一天他父亲来学校看他,发现他心不在焉的样子,盛怒之下竟当着同学的面扇了他几耳光。冯特永远也忘不了这件事,可这并没有改变他什么。13岁时,他在布鲁西萨尔的天主教专业学校读书,仍然是一位不求上进的白日梦患者。他的老师常常公开煽他,另一位教师也当着其他同学的面嘲笑他。但教师的惩罚并没有起作用,冯特这年的考试成绩没有及格。

随后冯特的父母送他去了海德堡的学校。在那里,和一些趣味相投的同学相处,他慢慢控制住了自己走神的毛病,但还是成绩平平。中学毕业时,他不知道自己想干什么,不过,因为此时父亲已经去世,母亲也只有很少的养老金,他只得去找一份工作,以维持体面的生活。1851年,冯特选择了医学,并进入图宾根大学。他瞒着母亲玩耍晃荡了一年,什么也没有学到。可当他意识到家里几乎没有钱可以供他读完3年大学时,他发生了令人吃惊的变化。1852年秋天冯特去海德堡大学重新开始学习医学,带着满腔热情一头扎入学习,竟在3年时间内完成了学业,并在1855年的全国医学会考中获得第一名的成绩。

在学习过程中,他发现临床实践对他没有什么吸引力,他对课程表中的理科课程反倒极有兴趣。1855年拿到硕士学位后,他在柏林大学花了一年时间跟随约翰内斯·穆勒和艾弥尔·杜布瓦·雷蒙学习,1857年担任海德堡大学的生理学讲师。1858年,当著名的赫尔曼·冯·亥姆霍兹到该校建立生理学研究院时,冯特申请当他的实验室助手,并得到了这份工作。他为亥姆霍兹所做的工作进一步提高了他对生理心理学的兴趣。此时,冯特刚20出头,尚未婚娶,他已经完全变成了一个工作狂。除了实验室的工作外，他还讲课、编教科书，进行对感官知觉理论的研究，并开始起草这个课题的大部头文集，即《感官知觉理论论文集》，这本书出版于1862年。在这部著作中，年仅30岁的冯特向德高望重的哲学家和机械论生理学家们提出了挑战。他说，心理学只有在它以实验结果为基础时才能成为一门科学，还明确指出，意识的确是可以通过实验手段进行探索的。

1864年，冯特被提升到副教授的位置，然后辞去了为亥姆霍兹当助手的工作，专心进行自己的研究。他不再有机会进入亥姆霍兹的实验室，因此他就在家里建了一座实验室，收集并自己动手制作必需的仪器，进行自己的心理学实验。他继续教授实验生理学课程，但他的课里已经出现越来越多的心理学材料了。直到快40岁时，他才放下手边的工作并用足够长的时间去追求一位女士，最后与她订婚，不过，因为经济方面的原因，他们只得推迟婚期。

亥姆霍兹1871年离开了海德堡大学，冯特似乎是他最符合逻辑的继位人，但冯特未能继任亥姆霍兹的职位，只得到了临时教授的头衔。同一年他与未婚妻索菲·毛完婚。婚后的冯特比以前更加刻苦地工作，认真撰写他的《生理心理学原理》一书，指望这本书能够让他离开海德堡大学。

他真的做到了。《生理心理学原理》带给了他所希望的东西，即苏黎世大学的教授教席，一年以后他又在莱比锡大学得到了更好的教职。

冯特于1875年去了莱比锡大学，想办法占到了孔维特房间用于存放物品和演示，4年之后开始用它作为私人研究院进行研究。他的讲座十分受欢迎，个人名声和实验室的名气吸引了许多人到莱比锡来给他当助手。1883年，大学提高了他的薪水，给他的实验室一个正规的地位，并给他增加了实验用房，使他把实验室扩建成了有7个房间的套间。

他花在实验室的时间较少,而把大部分时间用在讲课、管理研究院和写作以及修改厚厚的心理学方面的著作,他写作了很多有关逻辑、伦理学和哲学的著作。他的每一天都严格规定好了:他早晨花大部分时间写作,然后进行一个小时的咨询,下午访问实验室,然后一边散步,一边考虑下次讲课的内容,上完课再去一下实验室。他的晚上是安静的,除了音乐会以外,他避开公众生活。他和妻子经常招待高级班的学生,每到星期天都会让助手们来家里进餐。他几乎从不旅行。

在家里,冯特亲切和蔼,有些正规,但在大学里他是很教条的,而且很书呆子气。他行动起来就像大人物,自己也认为是这样一种人。他讲课的时候(大学里面最受欢迎的时候)他会一直等着,直到大家坐好了,助手们也都到齐,而且都在前排落座,然后门会突然打开,他一步跨进来,一袭黑袍颇具学术气质,根本不看左右,径直就沿着走道奔向讲台,在讲台上摆弄一下粉笔和纸张,最后面对焦急的听众,手扶讲台开始滔滔不绝地讲课。他讲起课来口若悬河,激情昂扬,根本不看自己的讲稿,虽然他的文章总是艰涩沉闷而且语义不明,但讲课时,他会以稳重的学术方式逗人开心。比如他就狗的精神能量讲的一番话是这样的:

我曾花费大量时间试过我自己那条狮子狗,想看看它能不能肯定地表现出有没有经验上的概念。我教这条狗把一扇开着的门关上,要它在听到我"关上门"的命令时用前爪按通常的方式合上门。一开始,它在我书房一扇特别的门上学会了这一招。有一天,我希望它在书房的另一扇门上重复这个动作,可是,它吃惊地看看我,什么也没做。我费了很大的劲才教会它在改变了的环境下重复他的小把戏。可是,这之后,它毫不犹豫地听从命令,遇到像这样的两扇门它就能关上……(然而,尽管)某些特别注意的联想已经发展成为真正的相似——联想,可没有任何最小的指示，可以说明它的意识里面存在概念形成的主要特征——也就是特别的物体可以替代性地代表一整个物体的范畴的意识。当我命令它去关上一扇从外面打开的门时，它只是简单地做同一个动作：打开门，也就是说，它不是去关上它，虽然我不耐烦地重复命令，还是不能让它做任何别的事情。不过，它很明显因为不能完成自己的任务而极感沮丧。

因为极为博学，他认为自己就是权威。

对他的研究生，冯特极愿给予帮助，关心他们，充满慈爱，但也十分专横。在一个学年开始时，他常常命令研究生班上的学生到研究所集合，他们要站在他面前形成一个队列，由他宣读该年度他必须完成的研究项目的单子，把第一个课题安排给站在队列边上的第一个学生，第二个课题交给第二位学生，以此类推。

没有人胆敢对这些分配提出异议，学生们都很有责任心地去完成一个个的任务，这些任务在大部分情况下都成了他们攻读博士学位的论题，冯特指导这些将要发表的报告的写作。尽管有时候，他允许学生在这些报告里表达他们自己的观点，可是他经常拿起蓝笔来大肆修改。他最后的美国学生之一报告说："冯特表现出了远近闻名的德国人特性，他非常热烈地捍卫自己学术观点的基本原则。我的论文约有三分之一没有能够支持冯特氏同化观点，因此惨遭删除。"

晚年的冯特变得性情柔顺、慈祥可亲。他喜欢在书房招待年轻客人和听课者，回忆自己年轻时代的一些趣事。他教课、写作，还指导心理学研究，直到1917年85岁退休为止。自此以后，他忙于著述，直到临去世前8天，即1920年他88岁的时候还在写作。

# 弗朗兹·布伦塔诺

> 提示语：德国哲学家、心理学家，意动心理学派的创始人。

弗朗兹·布伦塔诺（1838年1月16日—1917年3月17日），德国哲学家、心理学家，意动心理学派创始人。主要著作有《从经验的观点看心理学》。

1838年1月16日，布伦塔诺出生于德国莱茵河畔的马利恩堡。他的祖父是移居德国的意大利商人。布伦塔诺的家族中有许多著名人物，他的叔叔和婶婶都是德国浪漫主义作家，他的哥哥曾因思想史方面的成就获得诺贝尔奖。布伦塔诺自小表现出音乐、绘画和体育运动的天赋，受到家庭成员的宠爱。

17岁时，布伦塔诺开始接受神学教育，先后在慕尼黑大学、维尔茨堡大学、柏林大学和明斯特大学攻读哲学。1864年布伦塔诺取得杜平根大学哲学博士学位，同年在符兹堡被任命为神父。1866年任符兹堡大学讲师，讲授和撰写有关亚里士多德哲学的内容。1869年，布伦塔诺撰文反对教会关于教皇无过失的主张，1872年布伦塔诺放弃晋升教授机会，辞去神父教职，转信基督教。

1874年布伦塔诺发表《从经验的观点看心理学》。

1874年到1895年，布伦塔诺任教于维也纳大学，这期间曾在奥国任教。1882年布伦塔诺与一女性天主教徒相恋，但因奥国不能和曾任神父的人订婚的规定而辞去教职。婚后，布伦塔诺回维也纳大学任教，直到1895年。

1917年，布伦塔诺在苏黎世去世。

"心理学"本来是指"灵魂的科学"，后来心理学家逐渐放弃了对植物灵魂与动物灵魂的讨论，因为这些内容被归属于一些专门的学科。以亚里士多德的灵魂理论为基础，针对当时心理学的发展境域，布伦塔诺提出了自己独特的"经验立场的心理学"理论。他宣称心理学是一门经验科学，主张经验是一种关于经验的经验，心理学家应该运用经验方法来研究关于心理现象的经验。这种经验与人的内部世界相联系，通过内部知觉来获得。他认为，心理学既是一门理论科学，又是一门应用科学。心理学是关乎个体以及社会教育理论的科学基础。心理学知识能够提供个体活动的思想基础，也为社会教育指明方向。

布伦塔诺的意动心理学关注精神活动、意识与其对象的关系以及存在的时间性。因此在心理学的研究对象上，布伦塔诺认为心理学的任务是对心理元素的分析和确定由心理元素构成心理复合体的原理与规律。

在布伦塔诺的理论中，心理学不是研究感觉、判断、情感等心理的内容，而是要研究感觉、判断、情感等心理的活动即意动。这二者之间的区别是什么呢？比如，我看见一种颜色，颜色就是内容,看见则为意动;听见一首歌,歌就是内容,听见则为意动。

布伦塔诺将心灵现象划分为三种类型:表象、判断和爱恨现象。

表象的意思是把某种东西置于眼前。它是心灵现象的最基层。布伦塔诺特别强调,作为心灵现象的表象并非指表象的东西,而是指表象活动本身。就心灵现象范围而言,看、听、嗅、尝、触五种感觉活动都属表象,除此之外,表象还包括想象行为。这里麻烦的是触觉,比如痛和痒等是否具有"行为"与"对象"之分。布伦塔诺认为痛和痒这类触觉属于表象是毋庸置疑的,疼痛"一方面,是指我们身体的某个部位所呈现的状况;另一方面,是指与之相关的痛感",其中前者也被称为"特定的空间定位表象"。与后两种心灵现象相比,表象自身不包含对立的意向。随着向实在论的转变,布伦塔诺开始在表象对象方面区分直接表象与间接表象。需要特别指出的是,作为心灵现象的表象是前语词经验,当然这毫不妨碍它可以通过词语得以表达。作为心灵现象的表象是"表象"的核心意义,作为物理现象的表象是"表象"的扩展意义。只有前者是内知觉的对象。

判断就是对某物的接受或拒绝。布伦塔诺与众不同之处在于,"这种接受和拒绝也用在内知觉行为与记忆中,而在这些情况中多数论者不会用'判断'一词"。因为一般认为,判断仅适用于命题层面,而布伦塔诺却将其推进到心灵现象层面。判断首先是作为"接受"或"拒绝"行为的心灵现象,它自身是明证性的。判断奠基于表象,而表象有表象行为(属心灵现象)与表象对象(属物理对象)之分,因此判断也就有对表象行为的判断和对表象对象的判断。由于前者具有明证性,对它的判断就是明证的;表象对象即物理现象不具明证性,对它的判断则为不具明证性的盲目信念,换言之,我们对于物理现象的判断最多只能是盲目的相信而已。

判断是断定某物的存在（是）或不存在（不是）。伴随着将判断由命题推进到心灵现象，布伦塔诺也将命题判断转变为存在判断。传统的命题判断是指多个表象或语词的联结，比如"上帝是公正的（God is just.）"；布伦塔诺的改变在于，首先，判断并不需多个表象的联结，如"上帝在（God is.）"虽只有一个表象，却也是一个判断。其次，判断并非表象的联结，而是对一个主词（体）的断定，因此，所有命题判断都可改写为存在判断，如上述命题可改写为"公正的上帝存在（Just God is.）"。至于判断的真假，则需还原到心灵现象，拥有明证性的为绝对之真（真实存在），不具明证性的既可为相对之真（即普遍同意或正确意见），亦可为假（即虚幻之物）。正如前文提及，这就将亚里士多德"真意义上的存在"颠转为"存在意义上的真"，从而也将逻辑学奠基于存在论。

心灵现象除了表象与判断还有情感、意志等。布伦塔诺将这第三类统称为爱恨现象。爱与恨显示的是两种对立的意向，这与判断相似。爱恨现象也基于表象，因而有对表象之物的爱恨，也有对表象行为的爱恨。事实上，前者可归于后者。例如"我喜欢这首曲子"看上去是对"曲子"的爱，其实这表达的是在听这首曲子时伴有愉悦，因而这种"爱"是由听的行为产生的。伴随着表象诸种区分，爱恨也具有相应的区分。爱恨现象与判断有较为复杂的关系。一方面，作为心灵现象的爱恨具有明证的内知觉，因而对其可以形成明证判断；另一方面，以明证判断为基础的爱恨原则上也是明证的，而以盲目判断为基础的爱恨也是盲目的，"我们情感指涉的本性被奠基于其下的判断的特性所影响"。爱恨现象也有自身的分类和层次，如爱喝酒、爱听音乐、爱朋友、爱智慧、等。

其中表象的意动是最基本的，其他两类意动都是在它的基础上形成的。

布伦塔诺认为心理学的研究方法主要有两种。

一是内部知觉或反省，这是经验的主要来源，是心理学研究的主要方法。但是在心理学研究中，内省实际上是不可能的。因为当研究者把注意力集中于内部进行心理活动时，这种内部的心理活动实际上已经发生了变化。比如人在盛怒之下观察其内心的气愤状态时，如果被测对象已经知道自己在发怒，那他的怒气就会消失，研究者就无从观察。然而布伦塔诺指出，研究者可以通过内部知觉来对心理状态进行反省，从而进一步研究。

二是观察法，即观察他人的言语报告或自传、动作以及其他表现。此外，布伦塔诺还主张对儿童、动物、心理变态的人以及不同的文化进行研究。布伦塔诺认为，决定性的实验依附思辨，有助于决定两种对立的概念，心理学家要尝试建立心理学的体系，无疑要采用这一方法；而系统性实验仅仅局限于一些细节的实验，过于强调方法本身，其效果适得其反。

弗朗兹·布伦塔诺在心理学研究中的重要贡献之一就是开创了心理学中的人文主义先河。冯特在低级心理过程的研究中、艾宾浩斯在记忆过程的研究中借鉴的都是自然科学的模式，使用的是自然科学的研究方法，其典型的特征是把心理现象当作自然现象和物理现象进行研究。而布伦塔诺认为心理现象不同于物理现象，心理现象最大的特征是意向性，因而心理现象的研究不能混同于物理现象的研究。布伦塔诺的这一观点体现了心理学中的人文主义思想，是心理学中人文主义的雏形。

布伦塔诺在维也纳大学从教整整20年，培养了许多弟子，其中一些成为心理学史上的著名人物，如格式塔心理学的先驱厄棱费尔、精神分析的创始人弗洛伊德、音乐心理学家斯顿夫、现象学心理学的创始人胡塞尔、奥地利心理学的创立者麦农，等等。可以说布伦塔诺同冯特一样为心理学的创立培养了一批人才,成为科学心理学早期的缔造者之一。

叶浩生认为:从某种意义上讲,布伦塔诺的影响比冯特更为持久,因为冯特是作为心理学的组织和建立者而被载入心理学史册的,他的心理学概念和理论则被现代心理学家所忽略。布伦塔诺则不同,他关于意动的观点,特别是有关心理现象与物理现象的区分对现代人文主义倾向的心理学家产生了持久的影响。几乎每一位人文倾向的心理学家在反对科学主义霸权、主张对"人"的研究不同于"物"的研究的同时,其思想渊源都会追溯至布伦塔诺。可以说,布伦塔诺的思想观点在心理学的发展史上产生了持久而深远的影响。车文博称这位德国意动心理学派的创始人"开辟反冯特主义的欧洲机能心理学研究的新取向,促进奥国学派与形质学派的发展,并且对目的心理学、精神分析和完形心理学均有推动作用,其理论影响直至今日"。

胡塞尔认为,没有布伦塔诺的意向性学说,就不会有他的现象学的发现,也不会有"自明性理论"。存在主义大师海德格尔正是在布伦塔诺的博士论文《论亚里士多德关于存在的多种意义》的引导下才决定转向哲学,决心终生追求"存在"。麦农的对象论直接受到布伦塔诺的影响,后者的"内在价值"学说对厄棱费尔的价值哲学,以及后来柯勒的价值论都产生了很大影响。

# 威廉·詹姆斯

> 提示语：美国心理学之父，美国机能心理学派创始人，最早的实验心理学家。

威廉·詹姆斯（1842年1月11日—1910年8月26日），美国心理学之父，美国本土第一位哲学家和心理学家，也是教育学家，实用主义的倡导者，美国机能主义心理学派创始人之一，也是美国最早的实验心理学家之一。1904年威廉·詹姆斯当选为美国心理学会主席，1906年当选为美国国家科学院院士，2006年被美国权威期刊《大西洋月刊》评为影响美国的100位人物之一（第62位）。主要著作有《心理学原理》（两卷本）、《心理学简编》《对教师讲心理学》《实用主义》《多元的宇宙》《真理的意义》《宗教经验种种》。

威廉·詹姆斯1842年出生于纽约市，家境富裕，有着苏格

兰—爱尔兰血统。他是家中5个孩子中的长子，在美国、英国、法国、瑞士和德国都上过学，还接受过私人教育。他对去过的那些城市的大博物馆和画廊都很熟悉，他会5种语言，与梭罗、爱默生、格里利、霍桑、卡莱尔、丁尼生和J·S·密尔等经常造访他家的名人见过，交谈过，并听过他们的高论。在父亲的影响下，他阅读广泛，尤其是哲学类的书，打下了哲学的底子。父亲亨利·詹姆斯是一位极不平常的随意者，是位可亲可爱的父亲，他允许孩子们在餐桌上随便谈论任何话题。17岁时的威廉·詹姆斯希望当画家，可是，老亨利·詹姆斯却不同意这件事，并带全家去欧洲待了一年，以冲淡此事，因为他希望孩子们在科学或者哲学领域谋一份事业。但是因为威廉坚持要这样，他才勉强让他跟纽波特的一位画家学画。半年之后，威廉觉得自己缺乏这方面的天赋，也许更多的是因为一种歉疚感而不是才气的缺乏，他遵照父亲的愿望进入了哈佛大学，开始学习化学。

可是中规中矩的实验室工作很快就让他失去了耐心，于是他转向当时的热点——生理学，这主要是因为穆勒、亥姆霍兹和杜布瓦·雷蒙在欧洲做出的开拓性工作的影响。可不久，因为家庭经济状况开始转坏，威廉意识到迟早得自己谋生，因此他转向了哈佛医学院。医学也没有能够唤起他的热情，于是他花了近一年的时间跟著名的哈佛博物学家路易·阿加西兹一起去了亚马逊河，希望自然史会成为他真正喜欢的学科，结果没有，他不喜欢收集标本。他回到了医学院，可又受到各种疾病的折磨——腰疼、视力欠佳、消化不良，还有一阵阵的自杀冲动——所有这些或大部分都来自他对未来的担心。为了寻找解脱办法，他去了法国和德国，约有两年的时间，在亥姆霍兹和其他著名的生理学家手下学习，其结果导致他对新心理学相当熟悉。

最后，他还是回到了美国，并于27岁完成了医学院的课程。因为身体不太好，他没有去行医。他花了大量的时间研究心理学，因为对前途的担忧而心情暗淡，再加上他有关意识的科学观点与这个世界及其父亲的神秘主义和精神追求相差甚远，因而郁郁寡欢。1870年，28岁的詹姆斯经历了一年多的郁闷后，他突然产生了与父亲极为相似的情感危机。许多年以后，他在《宗教经验种种》中，通过由一位匿名的法国人为他写回忆录的形式，描述了这种体验：

> 有天晚上，我在夜色中去一家成衣店买一件衣服，突然间，一阵可怕的恐惧感没有预先的警告就袭击了我，就像从黑暗中冒出来的一样。这恐惧感就是对自己的存在的害怕。同时，在我脑海里出现了一个癫痫病人的形象，我以前在疯人院里曾看见过他，一位长着一头黑发的青年人，皮肤发绿、完全是个傻子，整天坐在凳子上，或者坐在墙上的架板上，双腿抱膝坐在那里。这形象就是我本人，我心里在想。我害怕得发起抖来。这之后，宇宙对我的意义完全改变了。我每天早晨醒来时，胃底会有非常可怕的恐惧感，一种我以前从不知道的人生朝露感。自那以后，我再也没有体验过。

威廉成人后曾解释他父亲的危机，可威廉从没有暗示对他自己的危机应做何解释。雅克·巴赞曾提出过一种假设："人们完全可以合理地猜想，这是因为无法忍受的压力所致，因为他无法反叛一位从没有对他施过暴而只有爱的父亲。"

这一情感危机的攻击使詹姆斯好几个月精神颓丧。在此期间，他特别受到德国生理学家对世界的机械论看法的困扰，这就是他自己的父亲一向反对的加尔文教的决定论观点在科学上的等同物。如果机械主义论真实地反映了意识，那么，他所有的思想、欲望和意愿都仅仅是一些自然粒子间的相互影响，都是事先决定好了的；他对判定自己的行动毫无办法，就像精神病院里的那个癫痫病人一样。

最后，跟他父亲一样，詹姆斯通过阅读从这种压抑中解脱出来。他在日记里这么写道："（我）看不出有任何理由要把他的自由意志定义——'在我兴许会有别的思想时，偏偏保持住我选择的这个思想'——改为错觉的定义。不管怎样，我会暂时——直到明年——认为这不是个错觉。我的第一个自由意志行动将会是相信自由意志。我要随我的意志再进一步，不仅以这个意志来行动，而且还要相信它，相信我自己的真实性和创造力。"

　　他相信自由意志的意愿果真起了作用，他开始慢慢恢复了，虽然他的身体状况一辈子都是脆弱的，而且还时不时地有短暂的压抑情绪出现。他在接下来的两年时间里进行了生理学和生理心理学的广泛阅读．心理健康也逐渐得到恢复。1872年，他快30岁了，经济上还依靠父亲的支持，而且对未来也没有什么计划。这时，哈佛大学的校长，也是他在剑桥的邻居（詹姆斯一家曾在剑桥生活了一段时间）查尔斯·埃利奥邀请他去哈佛教授生理学。他接受了，在此后的35年中，他一直待在那里。

　　但詹姆斯不是作为一位生理学教授待在哈佛大学的。3年后，他开始教授生理心理学课程，并开始在他与劳伦斯·黑尔的小实验室里为学生们演示。他继续广泛地阅读，形成他自己玄妙的心理学概念，并在之后的3年时间里写了大量文章和书评，极力鼓吹他的思想。出版人亨利·霍尔特提供给他一份合同，让他写一本有关这门新的科学心理学的教科书。詹姆斯签了合同，但说了声"对不起"，因为他需要两年的时间才能完成该书。结果他花了12年的时间，于1890年才完成了该书，但是，他写作的这本书非常成功，远远超出了出版人原来的希望。

　　詹姆斯开始写作这本书的那年，即1878年，他36岁，已经结了婚。尽管他相信自由意志，可是，在配偶的选择上，他好像已经不是位自由的代理人。两年之前，他父亲从波士顿激进者俱乐部开会回来时宣布，他已经遇到了詹姆斯的未婚妻，即艾丽丝·吉本斯——一位波士顿的小学教师和小有成就的钢琴家。尽管詹姆斯是拖着两条腿去见她的,可是,他们一旦见面,詹姆斯却被艾丽丝深深吸引。追了很长一段时间后,艾丽丝成了他忠实、坚强的妻子和好帮手,她是 5 个孩子的母亲,并成了詹姆斯的抄写员和终身的智力伴侣。她欣赏他的才华,理解他的情感需要和情绪上的反复无常,而且,尽管有很多时候是剑拔弩张,关系很不轻松,特别是在詹姆斯每次要进行长时间旅行之前——他们有时需要分开一阵子——但是,他们仍是一对忠实和互敬互爱的夫妻。

结婚后,詹姆斯还残留着的一些神经和生理上的症状开始减轻了,尽管他的身体状况不是很好,但是,他对生活的态度却是大为转变了,那种热情和能量是以前都没有体验过的。他最后终于成了一位经济独立、有身份的男人,有家,有收入,有追求自己目标的自由。两年后,哈佛承认了他的特别兴趣和才干,让他当上了哲学系副教授,最终于 1889 年把他的称号改变了,变成心理学教授。

在 1875 年詹姆斯开始教授心理学之前,美国大学里不存在心理学教授。当时,美国大学里教的课程中,仅有的心理学形式是颅相学和苏格兰心理生理学,这是联想主义的一个分支,主要用作天启教的辩护。詹姆斯本人从没有上过新心理学课程,因为没有这样的课程可以上,如他所嘲笑的:"我听过的第一次心理学讲座是我自己讲的。"但在 20 年内,至少有 20 多所美国大学开设了心理学课程。詹姆斯出版了 3 本心理学著作,还成立了一个专业性的心理学学会。心理学在美国到达花期有三个原因:①许多大学的校长希望效法德国心理学机构;②冯特训练出来的心理学家来到美国;③最重要的就是詹姆斯的影响,他通过教学,通过他的十几篇极受欢迎的文章和他的杰作《心理学原理》,把心理学的影响扩散出去了。

詹姆斯把实验心理学引进美国。他至少是与冯特同时向学生进行实验演示的，如果不能算更早些的话，詹姆斯和学生开始进行心理学实验的时间应该与冯特和学生一起做实验是同时的。可是，一方面，詹姆斯极强调实验的价值；另一方面，却觉得它十分无聊，而且在学术上也太过局限。他通常只花两个小时进行实验，他告诉一位朋友说："我天生不喜欢实验工作。"谈到莱比锡大学实验室的工作风格时，他说，"一想到心理—物理学实验和完全的铜制仪器及代数公式，我就对这种心理学恐惧已极"。

然而，他相信实验心理学，而且让学生进行广泛的实验。他们让青蛙飞速旋转，以探索内耳的功能；他对聋哑人也做同样的实验，以检测詹姆斯的假设，即由于他们的半圆形通道已经损坏，他们对眩晕的敏感度比正常人就应该少一些；他们在青蛙腿上进行反射实验，在人类受试者身上进行反应—时间和神经传递速度的实验；这些实验远远超出冯特生理心理学的范畴，詹姆斯还进行了催眠和自动写作的试验。

尽管詹姆斯不喜欢做实验，但当证明或者驳斥一个理论最好的办法是进行实验时，他还是迫使自己做一些。他写作《心理学原理》有关记忆力一章时，他希望检测"功能"心理学家们仍然相信的一个古代人的信仰，即记忆跟肌肉一样，它是可以通过练习来加强的，因此记忆任何事情就会不仅改善对被记忆材料的记忆力，而且会增强记忆所有材料的能力。詹姆斯怀疑这一点，便让自己当了受试者。在8天时间内，他背诵了维克多·雨果《讽刺》一诗的158行，平均每行约花50秒的时间。然后，他开始背诵弥尔顿的《失乐园》。在38天的时间内，他每天花90分钟时间进行背诵，直到背诵完全诗（798行）。如果练习的理论是正确的，这个长时期的努力应该能够极大地加强他的记忆力。他又回到《讽刺》一诗，并背诵了158行——发现每行背诵的时间比第一次多花7秒时间。练习并没有增强他的记忆力，反而减缓了，至少是暂时地减缓(他让几位助手重复这个实验,结果大致相同)。一项在两千多年的时间内被广泛接受的心理学理论,而且到今天为止还有很多外行人相信的东西被彻底驳倒。可是,詹姆斯自己的实验对他的心理学思想来说只是一个来源,而且是一个很不起眼的来源。他把在哲学和生理心理学领域读到的书全部利用起来,1882—1883年他在欧洲待了半年多时间访问各大学,参加实验室活动,听各种讲座,与几十位著名的心理学家和其他科学家们会谈;他与他们定期通信,并收集了对不正常思维和正常思维在催眠、药物或者压抑情形下进行临床研究的材料和报告。

他通过内省得到了许多主要的见解和推想,这个极为不同的来源与冯特和学生所说的内省法有很大的差异。在詹姆斯看来,通过冯特内省法捕捉和分离思维过程中的一些单个元素是一定会失败的,"正如一片雪花落在热手上就不再是一片雪花,而只是一滴落物一样,在我们想抓住某个正在结束的关系的感觉时,会发现我们抓到的是某种实在的、固体的东西,通常是我们发出来的最后一个单词,如果从静态的角度来看,而且以其功能、趋向特别是在句子中的意义来看,经常就消失得没有了。在这些情形之下,内省分析的办法事实上就像是抓住某个旋转着的东西来感受它的运动,或者试图飞快地打开煤气灯,以看看黑暗是个什么样子"。可是,他觉得,博物学家的内省法——按照我们自己的思想和感觉来观察它们——可以告诉我们很多有关精神生活的东西。在詹姆斯看来,这是最为重要的调查方法,他把这些方法定义为"搜寻我们自己的脑海并报告在那里的发现"。

这样的内省法需要精神集中和实践,因为内在的状态一个接一个挨得很近,经常还混合在一起,因而很难把彼此区分开来。然而,詹姆斯说,这是可行的,他把这个比作感官式感觉。正如人们可以看到的实践一样,人们可以通过仔细观察、命名,然后给外在的物体分类从而达到与探索内在现象一样的目的。确切一些，当时，关于这一点是否可能是有一个古典问题的。有意识的思维可以观察外部的物体，可是，它如何观察它自己的？是否有第二个意识来观察第一个意识？我们如何知道这样的第二个意识是存在的——我们也能观察到它吗？如何观察到它？詹姆斯对这些复杂问题有一个答案：内省实际上就是立即回忆，有意识的思维会向回看，并报告它刚刚体验的事物。

他承认内省很困难，也容易出错。当感觉飞速地产生时，谁能保证它的精确顺序呢？当感觉大同小异时，谁能保证它们之间的比较强度？如果两者都只是在瞬间发生的，谁能说哪一个占的时间长一些？谁能把像愤怒这样一种复杂感情中所有的成分都列举出来？

然而他又说，某种内省式报告的有效性可以通过至少56种已经验证的实验方法来测试和检验。比如，简单心理活动的时间长度可以通过内省法进行估计，再通过反应一时间实验来验证；又如，一个人可以同时记忆多少数字或者字母的内省报告，是可以通过通觉实验来加以验证的。

而且，虽然有关更为复杂和微妙的心理状态的内省报告也许不可能通过实验方法加以验证，但是，詹姆斯相信，由于这些动作都是可以通过内省观察的，因此，任何对此直截了当的叙述都可以被认为是文字上的。在任何情况下，"内省观察就是我们首先而且在任何情况下都必须依靠的办法"。詹姆斯心理学思想的另一个来源——也可能是最为重要的一个来源——就是个人和非科学的来源：他对人类行为博物学的、感觉的和聪明的解释，以他自己的经验和理解为基础。他许多的主要见解都来自"心理学分析"，这是杰出的心理学家欧内斯特·希尔加德在他权威性的《美国心理学》中所说的："进行'心理学分析'就是回忆日常观察，然后提供一个对相关经验和行为的可行的解释。一旦表达出来，这样的一些解释经常就是十分可行的，甚至于让详细的证明显得毫不相关，或至少烦琐得不值一试。莎士比亚就是这样一位'心理学分析者'，他没有做出任何当一个心理学家的打算。在心理学家中，詹姆斯是一位超群的心理分析者。其结果是，他鼓励了一种全副武装、热心快肠的心理学，这种心理学无意于一些枝节琐事——一种坚强和重要的心理学勇敢地面对着心理学上最为令人困惑的难题。"经过12年的研究、内省、心理分析和写作之后，詹姆斯完成了《心理学原理》，这本书对他来说一直是一个不可忍受的负担。这是一个庞大的工程——两卷本加起来近1400页，而且完全不适合用作教科书，在两年时间内，他又从中改编出一本简写的教科书——《心理学简编》。《心理学原理》的出版获得了轰动效果，对美国心理学产生了深远的影响。

到1892年，詹姆斯已经在心理学上教授和写作了17年，对它已经有些厌倦了。从那时起，他把创造才能转到其他一些事情上去，如教育、不同种类的宗教体验和哲学。他还继续写作一些大众文章，把他在《心理学原理》中提出来的思想再宣传一番，并与心理学发展步伐保持同步。1894年，他第一个唤起人们对还不太引人注目的维也纳医生西格蒙·弗洛伊德的注意，在1909年，他尽管还在生病，但还是去克拉克大学看望了唯一一次到美国来的弗洛伊德。

作为一位一向反抗传统的人，詹姆斯情愿探索在可接受的科学范畴之外的心理学的形式。他对唯灵论和"灵魂"现象产生浓厚的兴趣，认为这些东西是非正常心理学的延伸；他还紧跟心灵研究者们的步伐参加一些降神会，1884年还成立了美国灵魂研究协会。他曾经与一位垂死的朋友订下契约，约好在他死后坐在他的屋外等待与"他界"的朋友对话，但没有什么对话发生。詹姆斯把对这类主题所抱的开放的态度与严格的科学证据联系在一起。后来，在他的生活中，他曾经总结说："我发现自己相信在这些接连不断的灵魂现象报告中的'某种东西'，尽管我从未曾掌握到任何确切的证据……理论上讲，我跟开始的时候相比没有什么进步。"1898年起，詹姆斯因为一个自身的原因而对死后世界产生了兴趣。那年，他56岁，在阿迪龙戴克斯山区爬山时心脏劳累过度而患上了慢性心脏病。他的身体状况不断恶化，1907年他从哈佛退休，在接下来的3年时间内写了哲学方面最为重要的两本书，1910年去世，享年68岁。约翰·杜威评论他说："大家一致公认，他一直是美国最伟大的心理学家。"

# 巴甫洛夫

| 提示语：俄罗斯生理学家、心理学家。

伊凡·彼德罗维奇·巴甫洛夫（1849年9月26日—1936年2月27日），俄罗斯生理学家、心理学家、医师、高级神经活动学说的创始人，高级神经活动生理学的奠基人。他是条件反射理论的建构者，也是传统心理学领域之外对心理学发展影响最大的人物之一，1904年荣获诺贝尔生理学奖，是第一位在生理学领域获诺贝尔奖的科学家。主要著作有：《心脏的传出神经》《主要消化腺机能讲义》《消化腺作用》《动物高级神经活动（行为）客观研究20年经验：条件反射》《大脑两半球机能讲义》等。

1849年9月26日，巴甫洛夫出生在俄国中部小城梁赞，他的父亲是位乡村牧师，母亲是一位牧师的女儿，时常在富人家做

女佣以贴补家用。巴甫洛夫是父母5个子女中的长子，自幼养成了负责的个性，从小学习勤奋，兴趣广泛。当时，沙皇亚历山大二世颁布法令，允许家庭贫困但有天赋的孩子免费上学，因而得到受教育的机会。由于他父亲喜欢看书，家中有许多像赫尔岑、车尔尼雪夫斯基等人的进步著作，在父亲的影响下，他一有空就爬到阁楼上，阅读父亲的藏书。1860年巴甫洛夫进入梁赞教会中学，1864年毕业后进入梁赞教会神学院，准备将来做传教士。

19世纪60年代，俄国伟大的革命民主主义者赫尔岑、别林斯基、车尔尼雪夫斯基等与社会生活和科学上的反动思想进行了艰苦卓绝的斗争。在此期间，从皮萨列夫的文章《动植物世界的进步》中，巴甫洛夫知道了达尔文的进化论，并受到当时俄国著名生理学家谢切诺夫1863年出版的《脑的反射》一书的影响，对自然科学产生兴趣，逐渐放弃神学。这些革命先驱的思想，深深影响了巴甫洛夫。尽管巴甫洛夫出身于宗教家庭，但他本人既不想像父亲一样一辈子当一个牧师，也不相信上帝的存在。

1870年，巴甫洛夫21岁，和弟弟一起考入圣彼得堡大学，先入法律系，后转到物理数学系自然科学专业。谢切诺夫当时正是这里的生理学教授，而年轻的门捷列夫则是化学教授。巴甫洛夫在大学的前两年表现平凡，在大学三年级时选修了齐昂教授所开授的生理学课程，对生理学和实验产生了浓厚兴趣，找到了所要主修的学科并从此投入生理学的研究。为了使实验做得得心应手，他不断练习用双手操作，渐渐地，相当精细的手术他也能迅速完成，齐昂老师很欣赏他的才学，常常叫他做自己的助手。在齐昂的指导下，1874年，他和同学阿法纳西耶夫完成了第一篇科学论文《论支配胰腺的神经》，获得研究金质奖章。

因为在生理学上投入太多时间，大学最后一年，他主动要求留级。1875年，巴甫洛夫获得生理学学士学位后，进入外科医学学院攻读医学博士学位。此期间他成为自己老师的助教。1878

年，他应俄国著名临床医师波特金教授的邀请，到波特金教授的医院主持生理实验工作。实验室这名字听起来好听，其实就是一间破屋子，它既像看门人的住房，又像是一间澡堂，巴甫洛夫却在这里工作了十余年。在这里，他主要研究血液循环、消化生理、药理学方面的有关问题。巴甫洛夫1879年从医学院毕业并获得四年的奖学金开始攻读博士学位。31岁的他和教育系的女学生谢拉菲玛结婚，婚后妻子把他们的生活料理得井然有序，巴甫洛夫不仅能安心工作也能好好地休息。

1878—1890年，巴甫洛夫重点研究血液循环和神经系统作用的问题，当时，神经系统对于许多器官的支配和调节作用还没有被人们清楚地认识。在极为恶劣的工作条件下，巴甫洛夫仍坚持研究。他发现了胰腺的分泌神经，不久，他又发现了温血动物的心脏有一种特殊的营养性神经，这种神经只能控制心跳的强弱，而不影响心跳的快慢。科学界人士遂把这种神经称为"巴甫洛夫神经"。巴甫洛夫自此开辟了生理学的一个新分支——神经营养学。1883年完成了《心脏的传出神经支配》的博士论文，获得帝国医学科学院医学博士学位、讲师职务和金质奖章。1884—1886年，巴甫洛夫赴德国莱比锡大学路德维希研究室进修，继续研究心脏搏动的影响机制。此时，他提出心脏跳动节奏与加速是由两种不同的肌肉在进行，而且是由两种不同的神经在控制。1886年，他自德国归国后重回大学实验室，继续进行狗的"心脏分离手术"。1887年，他逐渐将研究的方向转向人体的消化系统。1888年开始，巴甫洛夫对消化生理进行研究。他发明了新的实验方法，不是用被麻醉的动物做急性实验（每次实验完了，动物也就死掉了）而是用健康的动物做慢性实验，从而能够长期观察动物的正常生理过程。他还创造了多种外科手术方法，把外科手术引向整个消化系统，彻底搞清了神经系统在调节整个消化过程中的主导作用。他还发现分布在胃壁上的第十对脑神经迷走神经与胃液的分泌有关。用同样的方法分泌胃液，迷走神经被切断，就不再分泌。但如果不假饲，只刺激迷走神经，也能分泌胃液。是什么东西对迷走神经产生了刺激？原来味觉器官感受到了食物刺激，便会通过神经传给大脑，通过大脑传给迷走神经让胃液分泌，这就是条件反射学说。巴甫洛夫因此荣获1904年诺贝尔生理学或医学奖，成为世界上第一个获得诺贝尔奖的生理学家，也是第一个享受这一荣誉的俄国科学家。1903年起，巴甫洛夫连续30多年致力于高级神经活动的研究。通过长时间的研究，他发现了大脑皮层机能的活动规律。巴甫洛夫创立的动物和人类高级神经活动的学说，给唯心主义心理学以致命的打击，为创立科学的唯物主义心理学奠定了基础。晚年的巴甫洛夫转向精神病学的研究，认为人除了第一信号系统（即对外部世界直接影响的反应）外，还有第二信号系统，即引起人的高级神经活动发生重大变化的语言。巴甫洛夫的第二信号系统学说解释了人类所特有的思维生理基础。

十月革命的初期，俄国人民生活极端贫困，但巴甫洛夫并未停止研究。

巴甫洛夫是专心投入学术研究的典型学者，只专心研究，不注意衣食住行等生活细节。他结婚时即同他妻子约定，妻子不干涉他的研究，他不负责家庭事务，并向妻子承诺，不饮酒、不打牌、不应酬，每年9月至次年5月，每周工作7天，只有暑假陪妻子到乡下度假。70岁以后，巴甫洛夫每天仍乘电车上班，有次电车尚未停稳，他就从车上跳下来，跌倒在地，路旁一位老妇人惊叫说："天啊！看这位天才科学家连电车都不会搭！"巴甫洛夫的工作热忱一直持续到他逝世为止，他在病中挣扎起床穿衣时，因体力不支倒在床上逝世。

巴甫洛夫逝世后，苏联政府在他的故乡梁赞建造了巴甫洛夫纪念馆，并设立纪念碑。

**巴甫洛夫纪念馆**

**巴甫洛夫纪念碑**

巴甫洛夫在学术上的贡献主要在于三方面：
(1) 心脏的神经功能；
(2) 消化腺的生理机制（获诺贝尔奖）；
(3) 条件反射研究。

对以后心理学发展影响最大的是由他的条件反射研究演变成的经典条件作用学习理论。

1. 条件反射

条件反射是巴甫洛夫研究狗的消化腺分泌时意外发现的。通过手术在狗的腮部唾腺位置连接一导管，引出唾液，并用精密仪器记录唾液分泌的滴数。实验时给狗食物，并随时观察其唾液分泌情形。在此实验过程中，巴甫洛夫意外地发现，除食物之外，在食物出现之前的其他刺激（如送食物来的人员或其脚步声等），也会引起狗分泌唾液。巴甫洛夫根据谢切诺夫"脑的反射"理论，在1901年将狗对食物之外的无关刺激引起的唾液分泌现象，称之为条件反射。所谓条件反射（conditioned reflex），是指在某种条件下，非食物的中性刺激也与食物刺激同样引起脑神经反射的现象。1901年起，巴甫洛夫专心从事条件反射实验研究，直到1936年逝世为止，长达35年。

2. 经典条件性作用

巴甫洛夫发现条件反射现象之后，他原本有意称条件反射现象为精神反射（psychic reflex），后来改称为条件反应。他以后的实验研究，继续采用与食物无关的各种刺激（如灯光、铃声、拍节声等），观察狗的唾液分泌，并分别定出四个名称：

（1）引起唾液分泌的刺激（指食物）称为无条件刺激（unconditioned stimulus，UCS）；

（2）食物引起的唾液分泌称为无条件反应（unconditioned response）；

（3）食物之外的刺激称为条件刺激（conditioned stimulus，CS）；

（4）食物之外刺激引起的反应称为条件反应（conditioned-response）。

他发现，有些狗对条件反射任务的反应方式和其他狗不一样，因而他开始对狗进行分类，后来又按同样的规律将人划分为4种类型，并和古希腊人提出的人的4种气质类型对应起来，由此，他又向心理学领域迈进了一步。

中性刺激与无条件刺激在时间上的结合称为强化，强化的次数越多，条件反射就越巩固。条件刺激并不限于听觉刺激。一切来自体内外的有效刺激（包括复合刺激、刺激物之间的关系及时间因素等）只要跟无条件刺激在时间上结合（即强化），都可以成为条件刺激，形成条件反射。一种条件反射巩固后，再用另一个新刺激与条件反射结合，还可以形成第二级条件反射。同样，还可以形成第三级条件反射。在人身上则可以建立多级的条件反射。

当条件刺激不被无条件刺激所强化时，就会出现条件反射的抑制，主要有消退抑制和分化。条件反射建立以后，如果多次只给条件刺激而不用无条件刺激加以强化，结果是条件反射的反应强度将逐渐减弱，最后完全不出现。例如，对以铃声为条件刺激而形成唾液分泌条件反射的狗，只给铃声，不用食物强化，多次以后，铃声引起的唾液分泌量将逐渐减少，甚至完全不能引起分泌，出现条件反射的消退。

巴甫洛夫认为，消退是因为原先在皮质中可以产生兴奋过程的条件刺激，变成了引起抑制过程的刺激，是由兴奋向抑制的转化。这种抑制称为消退抑制。巴甫洛夫指出，消退抑制是大脑皮质产生主动抑制的过程，而不是条件刺激和相应的反应之间的暂时联系已经消失或中断。因为如果将已消退的条件反射放置一个时期不做实验，它还可以自然恢复；同样，如果以后重新强化条件刺激，条件反射就会很快恢复，这说明条件反射的消退不是原先已形成的暂时联系的消失，而是暂时联系受到抑制。消退发生的速度是：条件反射愈巩固，消退速度就愈慢；条件反射愈不巩固，就愈容易消退。

在条件反射开始建立时，除条件刺激本身外，那些与该刺激相似的刺激也或多或少具有条件刺激的效应。例如，用500赫的音调与进食结合来建立食物分泌条件反射。在实验的初期阶段，许多其他音调同样可以引起唾液分泌条件反射，只不过它们跟500赫的音调差别越大，所引起的条件反射效应就越弱。这种现象称为条件反射泛化。以后,只对条件刺激(500赫的音调)进行强化,而对近似的刺激不给予强化,这样泛化反应就逐渐消失。动物只对经常受到强化的刺激(500赫的音调)产生唾液分泌条件反射,而对其他近似刺激则产生抑制效应。这种现象称为条件反射的分化。

　　巴甫洛夫所做工作的重要性是不可估量的。他的研究公布后不久,一些心理学家,如行为主义学派的创始人华生,开始主张一切行为都以经典性条件反射为基础。虽然在美国这一极端的看法后来并不普遍,但在俄国以经典性条件反射为基础的理论曾在心理学界相当长的时间内占统治地位。无论如何,人们一致认为,相当一部分的行为,可以用经典性条件反射的观点做出很好的解释。

# 赫尔曼·艾宾浩斯

> 提示语：德国实验学习心理学的创始人。

赫尔曼·艾宾浩斯（1850年1月24日—1909年2月26日），德国心理学家。主要作品有《记忆》《心理学原理》《心理学纲要》。

艾宾浩斯1850年1月24日出生于普鲁士帝国莱茵省波恩附近的巴门，家里信奉路德教，父亲卡尔·艾宾浩斯是一个富有的商人，一位颇有名望的造纸和纺织业资本家，母亲对金钱却异常吝啬。艾宾浩斯是家中的第四个孩子，幸运的是，艾宾浩斯的姑姑对他十分宠爱，一直资助他的学业。

艾宾浩斯从小接受路德教教育，小学毕业后他进入巴门的文科中学，于1867年毕业。艾宾浩斯中学毕业后先后就读波恩大学、哈雷大学和柏林大学,专修历史与哲学,直至1870年普法战争爆发。普法战争爆发后,艾宾浩斯投笔从戎,参加了普鲁士骑兵团。退役后重回波恩大学,并于1873年完成了题为《哈特曼的无意识哲学》的博士论文,8月被授予哲学博士学位。之后,艾宾浩斯旅居柏林两年。1875年艾宾浩斯前往英格兰留学,留学期间,一方面,他做教师维持生活开支;另一方面,开始初步尝试使用实验的方法研究记忆,可惜没有成功。1877年,艾宾浩斯来到巴黎,希望能够利用这里丰富的图书资源开展研究。在巴黎,艾宾浩斯阅读了费希纳的《心理物理学纲要》。这本书坚定了他用实验的方法研究记忆的信心。1878年秋天,艾宾浩斯返回德国,给德国王子威德玛做法语教师。到了1879年春天,威德玛王子突然死于白喉,艾宾浩斯这份工作也就结束了。1879年春,艾宾浩斯开始了对记忆的系统研究,为了精确研究联想形成的过程,他创造性地使用了无意义音节。1880年春,艾宾浩斯将他的研究方法和统计结果写成报告提交给了柏林大学哲学系,赫尔姆霍茨对他的报告做出很高的评价;哲学家策勒建议艾宾浩斯做进一步研究,发表更多的报告。最后,艾宾浩斯的论文被柏林大学哲学系接纳,他也因此获得了柏林大学无任期和无薪水的哲学讲师职位。1883—1884年,艾宾浩斯重复并拓展了他在1879年所做的记忆实验。1885年秋天,艾宾浩斯以《记忆》为标题公开发表了他的研究,这本书是实验心理学史上最为卓越的研究成果之一,它开创了全新的研究领域。心理学史家E. G. 波林评论道:"这是划时代的,不仅由于它所涉及的范围和文章风格的新颖,而且因为它立即被看作是实验心理学突破了研究高级心理过程的障碍。艾宾浩斯开创了一个新的领域。"

1886年,艾宾浩斯担任柏林大学副教授。1890年,美国康奈尔大学盛情邀请艾宾浩斯前往康奈尔大学担任教授,但艾宾浩斯拒绝了邀请。同年艾宾浩斯与阿图尔·柯尼希等人共同创办了

《感官心理学和生理学》杂志,这是他在柏林大学后期的主要成绩。艾宾浩斯担任该杂志主编长达 16 年。由于他的努力,《感官心理学和生理学》杂志被誉为"德国最重要的心理学喉舌"。1893 年,艾宾浩斯发表了他的色觉学说。同时,他还建立了柏林大学心理学实验室。1894 年秋天,他应邀来到布雷斯劳大学担任全职教授,不久后还建立了布雷斯劳大学心理学实验室。他在那里一直工作到 1905 年。1905 年艾宾浩斯任哈雷大学教授,受学校管理层委托,设计了一种用来检查儿童智力疲劳的测验,发展了句子填充测验,这也是第一个研究高级心理过程的成功测验,其变式为现今许多普通智力测验采用。1905 年,艾宾浩斯又从布雷斯劳大学转到了哈雷—威特伯格大学。1909 年 2 月 26 日,艾宾浩斯因肺炎病逝于哈雷大学,年仅 59 岁。

在艾宾浩斯学术成就中,我们不能不提到遗忘曲线。

如下图所示:

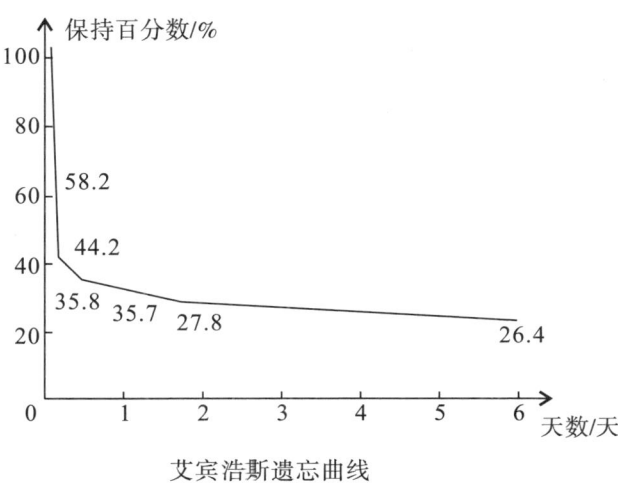

艾宾浩斯遗忘曲线

(1)查明识记无意义音节的速度与识记有意义材料的速度之间的差异。为了确定这种差异,他识记拜伦的《唐璜》一诗中的节段，每一段有 80 个音节。他发现大约需要读 9 次能记住一段。然后他识记 80 个无意义音节，发现完成这个任务几乎需要重复 80 次。于是他得出结论：无意义材料的学习比有意义材料的学习在难度上几乎达到 9 倍。

（2）材料的长度和数量对完全再现所必需的重复次数的影响。他发现，较长的材料需要次数较多的重复，也即需要较多的学习时间。而增加了所学音节的数量，使学习每一音节的平均时间显著增加。结论是：我们学习的材料愈多，所用的时间就愈长。一定数量的材料分配到几天之内学习，比集中一天学习的效率要高。

（3）学习和回忆之间的时间历程。材料在学习后头几小时遗忘最快，随着时间的推延，材料遗忘越来越少，也即著名的艾宾浩斯遗忘曲线。除了这几个主要方面外，艾宾浩斯还研究过一些能影响和保持学习的其他变量，例如过度学习的影响、重复学习或复习的影响、音节表内的近距联想与远距联想的影响，等等。

这条曲线告诉人们在学习中的遗忘是有规律的，遗忘的进程很快，并且先快后慢。观察曲线，你会发现，学到的知识在 1 天后，如不抓紧复习，就只剩下原来的 25％。随着时间的推移，遗忘的速度减慢，遗忘的数量也就减少。

他主张在交谈争论中学习，即对所学习的知识进行争论探讨。交谈争论，旨在阐述自己的观点，对客观事物、客观现象加以说明。交谈，就要了解对方的意见，从中可以得到启示；争论时，容易使自己知识结构中的薄弱环节暴露出来。在交谈争论的过程中，双方都会加深印象，错误的得到纠正，正确的得到承认，记忆得到了巩固。再说，个人的接触面总是有限的，通过交谈争论，可以扩大视野，集思广益，增长知识和才干。

艾宾浩斯的影响是巨大的。他虽然没有建立学派，也没有形成正式的理论体系，但他的研究给联想或学习的研究带来了客观性、数量化和实验方法。正是由于艾宾浩斯的研究，才使联想的概念从只是对它的特性进行思辨改变为借助于科学方法对它进行实验研究。另外，他对学习和记忆的许多发现在百年后的今天仍然可靠。对此，心理学史家 D. 舒尔茨评论道："对一个科学家总的历史价值的一种衡量方法是看他的观点和研究成果是否经受得住时间的考验。"在心理学史上能够得到这种评价的心理学家真正是凤毛麟角。

# 弗洛伊德

| 提示语： 精神分析学派创始人。

西格蒙德·弗洛伊德，原名西格斯蒙德·弗洛伊德（1856年5月6日—1939年9月23日），奥地利医生、心理学家，精神分析学派的创始人。代表作：《梦的解析》。

弗洛伊德出生于奥匈帝国摩拉维亚省弗赖堡镇的一个犹太家庭。父亲雅各布·弗洛伊德是一位善良老实的羊毛商人，母亲阿玛莉亚·那萨森是父亲的第三任妻子，长相漂亮，但性格暴躁。西格蒙德出生的这一年，他已经有两个同父异母的哥哥，伊曼纽尔和菲利普。1858年，妹妹安娜出生。他4岁时，举家迁居维也纳。在中学时代他就显示出非凡的智力，成绩一直名列前茅，

17岁考入维也纳大学医学院，1876—1881年在著名生理学家艾内斯特·布吕克的指导下进行研究工作。1881年开始私人开业，担任临床神经专科医生。1886年与马莎·伯莱斯结婚，育有三男三女，女儿A. 弗洛伊德后来也成为著名的心理学家。1938年因遭纳粹迫害，弗洛伊德迁居伦敦，1939年12月23日因口腔癌在伦敦逝世。

弗洛伊德的启蒙教育是由父母在家中完成的。1865年，也就是弗洛伊德9岁时（比正常的入学年龄早了一年）进入著名的利奥波德地区实科中学（初高中一贯制）读书。在这段时间，弗洛伊德学习了大量的古希腊、古罗马古典文学，还学习了拉丁语、希腊语、法语和英语；他还自学了西班牙语和意大利语。他在高中时，受一位朋友的影响，将来想成为一名律师。

**弗洛伊德、霍尔、荣格等在克拉克大学的合影**

1873年秋，弗洛伊德进入维也纳大学医学专业。在这里，他把名字从西格斯蒙德改为了西格蒙德。在这一阶段，他受到了达尔文进化论思想的影响。他认真阅读了费尔巴哈的著作，热衷于布伦塔诺的课程。大学第三年，他开始到艾内斯特·布吕克的生理实验室学习生理学。1879年他被军方征召，从事了一年的医疗服务工作。1881年他获得医学博士学位。

1885年，在巴黎跟随沙可学习期间，弗洛伊德被沙可的思想影响，从一个神经学家转变为一名精神病理学家，从对躯体的研究转向对心理的研究。而弗洛伊德对精神分析的兴趣是在1884年与约瑟夫·布洛伊尔合作期间开始产生的。布洛伊尔是一位非常杰出的医生，不但为弗洛伊德排忧解难，而且还使弗洛伊德学会用新方法治疗癔症。

早在1882年，弗洛伊德就已经从布洛伊尔的病人安娜·欧的案例中，了解到催眠及宣泄疗法（布洛伊尔称为"谈话疗法"）的效果。从巴黎回到维也纳，他进一步考虑同布洛伊尔一起研究安娜·欧的病例。这时候，弗洛伊德已从沙可那里学到有关治疗歇斯底里症的方法。他在接受布洛伊尔的研究成果的基础上，进一步深入地探索其中隐含的问题，终于了解了催眠疗法的使用范围及其与人内在精神状态的关系。

为了使催眠术更臻完善，1889年夏，弗洛伊德到法国南锡向伯恩海姆学习。他还说服一个女病人跟他一起到南锡去接受催眠治疗。在治疗这位病人的过程中，弗洛伊德在同法国医生本汉讨论后得出一个重要结论，即认为催眠疗法的作用是有限的，他发现并非所有的患者都能被催眠，最后弗洛伊德放弃了催眠术而转向自由联想。

1895年，弗洛伊德与布洛伊尔将共同研究歇斯底里病症的成果写成《歇斯底里症研究》一书。这本书的出版为弗洛伊德精神分析学的创立奠定了理论基础。在研究歇斯底里症的过程中，弗洛伊德在医学史和心理学史上第一次使用了"精神分析学"这个概念。

1897年，在父亲去世后的一年，弗洛伊德开始了他的自我分析。进行自我分析的主要方法是分析自己的梦。通过对病人及对自己的梦的观察和分析，弗洛伊德发现和确认了无意识心理现象。提出梦是愿望的满足，形成了梦的分析技术。在进行了两年的自我分析后,他认为心理障碍是由于性紧张累积而引起的。他把分析的结论写成了《梦的解析》一书并于1899年出版(出版日期写的是1900年)。这是用前所未有的思路,别出心裁地开创的一种研究心灵和精神病理现象的新领域。该书后来被许多人推崇为弗洛伊德最伟大的著作。随着《梦的解析》一书的出版,精神分析运动逐渐发展起来。这时在弗洛伊德周围聚集了一批年轻的学者,他们成立了"星期三心理研究小组",或称维也纳精神分析小组,1902年发展成为心理分析协会。当时参加的人后来都成了杰出的精神分析学家,包括阿德勒、兰克、费登和荣格。然而这本书也遭到大量批评。在其一生余下的时间里,弗洛伊德一直坚持自我分析,每天工作的最后半小时被用于自我分析。

1904年出版的《日常生活中的心理病理学》探讨了生活中常见失误的种种心理作用,比如遗忘、失言、笔误、错放东西等。弗洛伊德在书中做出的结论,如今已被人们广泛接受。

1905年,弗洛伊德出版了三本重要的著作:一本篇幅较长,一般称为《多拉的分析》,在这本书中弗洛伊德详尽地阐述了如何通过分析梦境以揭示并治疗神经症的种种症状;另一本是《玩笑及其与无意识的关系》,他在这本书中研究了无意识动机能够间接表现出来的许多方式。最后一本就是最有争议的《性学三论》,他把生物发生原则用于研究心理性欲的发展,对这一问题做了种系发生和个体发展的观察与概括。书中他表达了关于婴儿期性欲以及其与性倒错和神经症之间关系的观点。这本书的观点招来很多对弗洛伊德的嘲讽。

弗洛伊德认为人的精神活动的能量来源于本能,本能是推动个体行为的内在动力。人类最基本的本能有两类:一类是生的本能,另一类是死亡本能或攻击本能。生的本能包括性欲本能与个体生存本能,其目的是保持种族的繁衍与个体的生存。弗洛伊德是泛性论者,在他的眼里,性欲有广义的含意,是指人们一切追求快乐的欲望，性本能冲动是人一切心理活动的内在动力，当这种能量（弗洛伊德称之为力必多）积聚到一定程度就会造成机体的紧张，机体就要寻求途径释放能量。弗洛伊德将人的性心理发展划分为 5 个阶段：①口欲期；②肛门期；③性蕾欲期；④潜伏期；⑤生殖期。刚生下来的婴儿就懂得吸乳，乳头摩擦口唇黏膜引起快感，叫作口欲期性欲。1 岁半以后学会自己大小便，粪块摩擦直肠肛门黏膜产生快感，叫作肛门期性欲。儿童到 3 岁以后懂得了两性的区别，开始对异性父母眷恋，对同性父母嫉恨，这一阶段叫性蕾欲期，其间充满复杂的矛盾和冲突，儿童会体验到俄底普斯（Oedipus）情结和厄勒克特拉（Electra）情结，这种感情更具性的意义，不过还只是心理上的性爱而非生理上的性爱。只有经过潜伏期到青春期性腺成熟后才有成年的性欲。成年人成熟的性欲以生殖器性交为最高满足形式，以生育繁衍后代为目的，这就进入了生殖期。弗洛伊德认为成人人格的基本组成部分在前三个发展阶段已基本形成，所以儿童的早年环境、早期经历对其成年后的人格形成起着重要的作用，许多成人的变态心理、心理冲突都可追溯到早期创伤性经历和压抑的情结。

　　1909 年，受美国克拉克大学校长霍尔的邀请，弗洛伊德及其弟子参加了该校 20 周年校庆，弗洛伊德本人也被授予名誉博士学位，并与美国心理学界名人威廉·詹姆斯、铁钦纳、卡特尔等人会晤，标志了精神分析理论终于赢得国际上的承认。

　　1914 年弗洛伊德发现自恋的心理现象，并以先天的内部驱力，即爱力来解释人的行为，认为生命由此得以维持。这一能量称为生本能，其投注于外即为爱情的对象，投注于内即为自我爱恋。1920 年，弗洛伊德修正关于本能驱力的理论，提出死亡本能作为补充。弗洛伊德提出了死亡本能即桑纳托斯，它是促使人类返回生命前非生命状态的力量。死亡是生命的终结，是生命的最后稳定状态，生命只有在这时才不再需要为满足生理欲望而斗争；只有在此时，生命不再有焦虑和抑郁，所有生命的最终目标是死亡。死亡本能派生出攻击、破坏、战争等一切毁灭行为。当它转向机体内部时，导致个体的自责，甚至自伤自杀，当它转向外部世界时，导致对他人的攻击、仇恨、谋杀等。

1923 年在《自我与本我》一书中，他详细阐述了他的人格结构理论，认为人格结构包括本我、自我和超我三个部分。

本我即原我，是指原始的自己，包含生存所需的基本欲望、冲动和生命力。本我是一切心理能量之源，本我按快乐原则行事，它不理会社会道德、外在的行为规范，它唯一的要求是获得快乐，避免痛苦。本我的目标乃是求得个体的舒适、生存及繁殖，它是无意识的，不被个体所觉察。自我，其德文原意即是指"自己"，是自己可意识到的执行思考、感觉、判断或记忆的部分，自我的机能是寻求"本我"冲动得以满足，而同时保护整个机体不受伤害，它遵循的是"现实原则"，为本我服务。超我，是人格结构中代表理想的部分，它是个体在成长过程中通过内化道德规范，内化社会及文化环境的价值观念而形成的，其机能主要在监督、批判及管束自己的行为，超我的特点是追求完美，所以它与本我一样是非现实的，超我大部分也是无意识的，超我要求自我按社会可接受的方式去满足本我，它所遵循的是"道德原则"。

1927 年，弗洛伊德发表了《幻想的未来》，对宗教做了精神分析的评述，1930 年他对现代文明做了剖析，并在生命的最后几年（1934—1938 年）写了《摩西和一神教》的批评性著作。

弗洛伊德终生从事著作和临床治疗。他的思想极为深刻，探讨问题时，往往引述历代文学、历史、医学、哲学、宗教等材料。他思维敏锐、分析精细、推断循回递进、构思步步趋入，揭示出人们心灵的底层状况，这就是精神分析的内容极其丰富的根源。

# 斯金纳

> 提示语： 新行为主义代表人物， 操作性条件反射理论的奠基者，"教学机器之父"。

伯尔赫斯·弗雷德里克·斯金纳（1904年3月20—1990年8月18日），美国心理学家，新行为主义学习理论的创始人，也是新行为主义的主要代表，操作性条件反射理论的奠基者。斯金纳一生著作很多。1930年以来发表了百余篇论文，出版了12本专著。他的主要著作有：《有机体的行为：一种实验的分析》《科学与人类行为》《言语行为》《学习的科学和教学的艺术》《教学机器》《强化时间表》。这些著作全面阐述了操作行为主义理论和这种理论在教学领域中的应用。他还用操作行为主义理论阐述社会生活问题，出版了小说《沃尔登第二》以及《自由与人类的控制》《超越自由与尊严》。这些作品曾在美国社会引起巨大反响和激烈争论。

斯金纳1904年3月20日出生在美国宾夕法尼亚州东北部的一个小镇。父亲是当地的律师。他从小喜爱发明创造，富有冒险精神，15岁时曾与几个小伙伴驾驶独木舟沿河而下，漂流300英里。他还试制过简易滑翔机，曾把一台废锅炉改造成一门蒸汽炮，把土豆和萝卜当炮弹射到邻居的屋顶上。1922年斯金纳进入汉密尔顿学院主修英国文学并开始从事写作。他曾立志当一名作家，但很快他就发现无论是自己还是其他作家对人的行为的理解都少得可怜，为了更深入地理解人的行为，他转向了心理学。他对动物和人类的行为有深厚的兴趣，他曾选修生物学、胚胎学和猫体解剖等学科。就是基于这一爱好，在生物学教师的指导下他阅读了洛布的《脑生理学和比较心理学》、巴甫洛夫的《条件反射》等科学著作，还阅读了罗素的《哲学原理》、华生的《行为主义》。这些著作对他日后的学术成就产生了巨大影响。1926年斯金纳从汉密尔顿学院毕业，转入哈佛大学心理系。在哈佛大学学习期间，他为自己制订了一张极严格的日程表，早晨6点至晚上9点的分分秒秒几乎都用来钻研心理学和生理学，他不看电影不看戏，谢绝一切约会。功夫不负有心人，斯金纳于1930年获哈佛大学心理学硕士学位，1931年又获心理学博士学位。此后他在该校研究院任研究员。在哈佛大学攻读心理学硕士期间，他被行为主义心理学所吸引，成为一名彻底的行为主义者。他在华生等人的基础上向前迈进了一大步，提出了有别于巴甫洛夫的条件反射的另一种条件反射行为，并将二者做了区分，在此基础上提出了自己的行为主义理论——操作性条件反射理论。他长期致力于研究鸽子和老鼠的操作性条件反射行为，提出了"及时强化"的概念以及强化的时间规律，形成了自己的一套理论。

通过试验他发现老鼠不仅由"事先"的刺激激发拨动开关，而且也由"事后"的刺激激发拨动开关。他发现动物的行动不仅仅是简单的"刺激—反应"行为，动物的行动也受到周围环境的影响，比如事后的磁疗奖赏。斯金纳将这个行为称为"条件性刺激"，他不用"学习"这个词，因为他认为学习这个词含有动物有意图地做一件事的含义，而这个意图并没有在这个试验中反映出来，因此是不准确的。

斯金纳引入了操作条件性刺激这个概念来与传统的条件性刺激区别。

最初由伊万·巴甫洛夫发现的传统的条件性刺激是对一个固定刺激的反应。除一般的刺激（比如饲料）外同时还有另一个完全不同的刺激（比如铃声），因此在条件性刺激成功地建立后只要铃声响，狗就会有唾液流出。

操作条件性刺激与此不同的是在这里还增加了一个新的元素：行为后还有一个后果。尤其对试验动物好的后果的效果特别有效，比如奖励饲料。但不好的后果也可以训练出来，比如对猫或其他试验动物使用水枪进行惩罚。

也就是说，传统的条件性刺激只是基于已存在的反应上对它进行改变，而操作条件性反应则会产生新的行为模式。训马就是采纳了斯金纳系统化的行为研究的技术。

经典性条件作用用公式来表示就是：刺激⇒反应（即 S—R）

操作性条件作用用公式来表示就是：操作⇒强化（即 R—S）

为表彰斯金纳在心理科学方面做出的重大贡献，1958 年美国心理学会授予他"卓越科学贡献奖"；1968 年他荣获美国国家科学奖章，这是美国最高级别的科学奖励；1971 年美国心理学基金会授予他一枚金质奖章；1990 年 8 月 10 日美国心理学会授予他"心理学毕生贡献奖"荣誉证书。8 天后，即 8 月 18 日斯金纳去世。

斯金纳将对动物行为的研究成果迁移到人类社会的学习行为上，提出"程序教学"的主张。

强化与行为塑造是其核心内容。

斯金纳十分强调强化在学习中的重要性。强化就是通过强化物增强某种行为的过程，而强化物就是增加反应可能性的任何刺激。斯金纳把强化分成积极强化和消极强化两种。积极强化是获得强化物以加强某个反应，如鸽子啄键可得到食物。消极强化是去掉可厌的刺激物，由于刺激的退出而加强了那个行为。如鸽子用啄键来去除电击伤害。教学中的积极强化是教师的赞许等，消极强化是教师不再皱眉等。这两种强化都增加了反应再发生的可能性。斯金纳认为不能把消极强化与惩罚混为一谈。他通过系统的实验观察得出了一条重要结论：惩罚就是企图呈现消极强化物或排除积极强化物去刺激某个反应，仅是一种治标的方法，它对被惩罚者和惩罚者都是不利的。他的实验证明，惩罚只能暂时降低反应率，而不能减少消退过程中反应的总次数。在他的实验中，当白鼠已牢固建立按杠杆得到食物的条件反射后，在它再按杠杆时给予电刺激，这时反应率会迅速下降。如果以后杠杆不带电了，按压率又会直线上升。斯金纳对惩罚的科学研究，对改变当时美国和欧洲盛行的体罚教育起了一定作用。

所谓塑造，就是通过小步反馈帮助学生达到目标。斯金纳认为"教育就是塑造行为"。如何通过强化去塑造行为，斯金纳采用连续接近的方法，对趋向于所要塑造的反应的方向不断地给予强化，直到引出需要的新行为。例如，训练鸽子或老鼠将头抬到一定的高度，只有当其头朝着实验所需的方向抬起来时才强化，下一次要求再多一点，直到全部达到所需的方向和高度。这时，新的行为就塑造成了。

在课堂教学中，塑造是一个重要的手段。假设我们想让学生写一段含有一个主题句和一句总结的英文段落，那么，这一任务包括许多部分：能识别并能写出主题句、佐证材料和总括句；能写出一个完整的句子；能正确使用大小写、标点符号和语法；能正确拼写。如果教师在一节课里教所有这些技能，要求学生写出一段文字，并且根据他们的内容、语法、标点和拼写而评分，那么大多数学生将会失败，学生从练习中将学不到什么。

反之，老师可以一步一步地教这些技能，逐步塑造最终的技能。学生可以先学如何写主题句，然后写佐证材料，最后写总括句，在此之前可能专门谈论过如何选题立意。然后，对段落和标点也提出要求。最后，拼写也作为一条标准。在每一阶段，学生都有机会获得强化,因为强化的标准都是他们可能达到的。

在塑造行为时要注意这样一条原则:学生必须在他们力所能及的行为范围内得到强化,同时这些行为又必须能向新的行为延伸。学生能在 15 分钟之内解 10 道数学题,如果能在 12 分钟之内解出就应强化,但不要要求必须在 8 分钟之内才予以强化。但是,一个能做 20 题的学生必须做 24 题后才强化,不能在少于 20 题时就予以强化。

斯金纳的学习理论也具有局限性。

(1) 斯金纳犯和传统行为主义者同样的错误,即只注重描述行为,不注重解释行为;只注重外部反应和外部行为结果,而不探讨内部心理机制。他把内部过程看成是一个"黑箱"。他是一位极端的行为主义者。有人把他的思想体系称为"描述性"的行为主义。

(2) 斯金纳在晚年仍然坚持自己的行为主义观点,反对认知心理学的研究,反对对学习过程和行为塑造过程的认知解释。站在行为主义心理学的立场上看斯金纳,他是一位坚定的行为主义者;而站在认知心理学和心理学发展的角度上看,他是一位顽固的保守者。

(3) 斯金纳倡导的"程序教学",其实践效果并不像斯金纳预想的那样好。教学实践表明,程序教学减少了师生直接对话的机会,阻碍了师生间的及时交流,这对学生的学习来说是极为不利的。学生在教学机器上学习,还会有盲目追求学习进度、猜测问题的答案和不求甚解等不良倾向。这些不利因素致使程序化教学活动没有得到继续发展,而只成为教育史上的个体化教学方式之一。

# 铁钦纳

| 提示语： 实验心理学的代表人物之一，构造主义学派创立者。

爱德华·布雷福德·铁钦纳（1867年1月11日—1927年8月3日），英籍美国心理学家，实验心理学的代表人物之一。他一生著述很多，除了专著、译著外，还有216篇论文及注释，176种康奈尔大学实验室发表的论著。主要著作有：《心理学大纲》、《心理学入门》、《实验心理学》（4卷）、《感情和注意的实验心理学基础讲稿》、《思维过程的实验心理学基础讲稿》、《心理学教科书》、《初学者心理学》等。

铁钦纳1867年1月11日出生在英格兰苏塞克斯郡奇切斯特一个不富裕的望族。爷爷爱德华·铁钦纳是奇切斯特一位成功的律师。父亲早逝后，他和爷爷一起生活。幼年时接受家庭教师的教育，后来进入教会学校学习。1881年他获得奖学金进入马莱文学院，在校就读期间成绩极其优秀。有一次学校请来美国著名诗人詹姆斯·拉塞尔·洛威尔给获奖学生颁奖，由于铁钦纳上台领奖次数太多了，洛威尔开玩笑地说："铁钦纳先生，我不想再看到你了。"

1885年铁钦纳进入牛津大学布雷齐诺斯学院。在牛津大学的前四年，铁钦纳研习古典文学和哲学，期间深受英国经验主义思想的影响，这为他后来的心理学思想奠定了基础。他在牛津的最后一年，又师从著名生理学家约翰·伯顿－桑德森学习生理学，并深深被其吸引。他还把冯特的《生理心理学原理》从德文翻译成英文。1890年，铁钦纳以优异的成绩毕业。

1890年铁钦纳来到莱比锡，师从冯特学习生理学和心理学，并成为冯特的第一位英国学生。在莱比锡学习期间，他进一步接受了内省分析这种质性分析的方法。但是他并不太接受冯特的实验法只能用来研究低级心理过程的观点。1892年，他以一篇关于视知觉的论文获得博士学位。因为英国大学并没有与心理学相关的职位，于是他就到美国康奈尔大学教授心理学。到康奈尔大学不久，铁钦纳很快就把由弗兰克·安吉尔建立的心理学实验室发展成美国最好的内省心理学实验室。1895年，年仅28岁的铁钦纳晋升为教授。1891—1894年连续出版4卷本巨著——《实验心理学》。1896年起，他陆续出版了自己编写的一些教材，如自己的第一本心理学教材《心理学大纲》、1909—1910年出版的《心理学教科书》等。1898年正式创立构造心理学派。

1904年，铁钦纳创立实验心理学家协会。1894—1920年，铁钦纳成为英国《思想》期刊的编辑。1895—1920年，他成为《美国心理学》杂志助理编辑，1921—1924年担任该杂志的总编辑。

1927年8月3日，铁钦纳在美国伊萨卡岛去世。他一生都在美国康奈尔大学任教,但一直到去世都是英国公民。

铁钦纳的构造心理学体系主要研究心理学研究对象、心理学的性质、心身关系、心理学的任务以及心理学研究方法等。

铁钦纳认为,一切科学研究的对象都是经验,物理学和心理学也都是如此,它们之间没有本质差别,唯一区别仅在于对待经验的看法上有所不同。不过他不同意冯特把经验分为直接经验和间接经验,并提出心理学研究直接经验而物理学研究间接经验的观点。他接受阿芬那留斯把经验分为"从属经验"和"独立经验"的观点,认为心理学研究的是依赖经验者的经验,而物理学研究不依赖经验者的经验。例如,物理学家和心理学家都研究光和声,但是物理学家是从物理过程来探究这些现象,而心理学家则是根据这些声、光现象是怎样成为人类观察者的经验来考察它们。

铁钦纳认为科学分为纯科学和应用科学,而心理学是纯科学。因此,他主张只研究心理过程或心理内容,反对研究心理的意义和功用。他认为,研究心理时要从心理学的视角出发,让被试者观察心理活动本身,不要观察刺激物及其意义。如果混淆了心理活动本身和刺激物的关系,就会发生刺激错误。例如,做两点阈限的实验,被试者可以有两种视角和观点:一是心理学的视角和观点,即只注意感觉本身是一点还是两点;另一种是物理学的视角和观点,即注意某种刺激物的一点还是两点在碰着皮肤。前者是心理学要研究的经验,而后者则是注意到被观察的对象和意义。因此,铁钦纳也反对机能主义,认为它是心理学的应用,是心理技术,而不是心理学本身。

在心理和生理的关系方面,铁钦纳和冯特一样,坚持心身平行论的观点,认为神经过程和心理过程是两种平行的、互相对应的活动。心理过程和神经过程完全对应,又互不干涉。他比喻说,露水是在空气的温度和地面的温度有差别的条件下形成的,观念是在神经系统某些过程的条件下形成的。这个比喻的意思是说神经过程不是心理过程产生的原因，而是心理过程发生的条件。

铁钦纳认为，心理学的任务就是分析和说明心理过程的构成元素以及他们互相结合的方式和规律。因此，心理学首先要把意识经验分析为最基本的元素，然后寻求这些元素结合的规律，同时用与心理过程相应的神经过程来解释这个心理过程。在心理元素的数量上，冯特主张有感觉和感情两种元素，而铁钦纳则认为有感觉、意象和感情三种元素。在他看来，感觉是知觉的构成要素，意象是观念的构成要素，感情是情绪的构成要素。在心理元素的属性方面，铁钦纳在冯特主张的性质和强度两种属性外，增加了持久性、清晰性和广延性。在感情的维度方面，铁钦纳不同意冯特的感情三度说，而是认为感情只有愉快和不愉快两个类别。

在心理学研究方法上，铁钦纳继承了冯特的基本思想，坚持采用实验内省法。但与冯特的实验观察相比存在区别：一是他不仅用实验内省法研究简单的心理过程，如感知觉、意识等，还用来研究高级心理过程，如思维、想象等；二是冯特的观察比较容易，注意的时间短，报告的时间也不长，与日常生活和生理学观察没多大区别，而铁钦纳则要求较严格并有许多限制，比如坚持心理学研究视角，强调严格控制实验条件，要求实验者应经过专门训练，主张编制一种内省的语言和词汇，做好被试者在正式实验前的预备实验。

铁钦纳的主要贡献在于创立了世界上第一个心理学派——构造主义学派，促进了科学心理学的独立和发展，也使康奈尔大学成为当时构造心理学的中心。正如 E. 海德布雷德所说："这是一个简单的事实，正是铁钦纳所教的这种心理学，正是这种以德国实验室为中心的事业，使心理学第一次被承认为一门科学。"

铁钦纳的权威作风是他学术个性的一个侧影。据说有一次他拒绝了康奈尔大学主席要求他参加宴会的邀请，原因就是主席没有亲自来邀请他。主席先生抗议说实在是没空，铁钦纳说你可以派你的车夫把邀请函给我送来。于是主席先生就派车夫把邀请函送给铁钦纳，然后铁钦纳就去赴宴了。

铁钦纳的行为作风还体现在他和美国心理学会的关系上。铁钦纳是美国心理学会的创办人之一，但是从来没有参加过学会的会议。他甚至还自己成立了另外一个实验心理学家学会，学会的成员都是铁钦纳自己挑选的。他这么做有两个原因：一是美国心理学会没有按照他的要求开除其中一名成员；二是他认为美国心理学会对一些心理应用领域过于友善，偏离了他所认为的纯粹的实验心理学的方向。

而"女士莫入"也是铁钦纳的行为标签之一。在美国心理学会创立之初，它就允许女性心理学家成为学会的成员，但是铁钦纳的实验心理学家学会却把女性心理学家排除在外。对于这条规定，一个常见的解释是，铁钦纳想要"在烟气弥漫的房间里做口头报告，可以随时被打断、反驳或者提出批评，没有女士在场，因为女士太爱清洁所以不适合在场"。宾夕法尼亚州布林莫尔学院的几个女学生想要参加会议，最后被要求离开了。有一次，她们就藏在会议室一张桌子底下偷听，波林的未婚妻露西·梅和另一位女士则躲在旁边的办公室里，把会议室的门开了个缝偷听这些男士在会议上到底聊些什么。尽管铁钦纳的理由听起来是为了女士着想，但是还是让一些女士很不高兴。女心理学家克里斯汀·拉德-富兰克林就是其中之一。她在写给铁钦纳的一封信里，表达了对铁钦纳这种做法的极度不满。她写信给铁钦纳，要求在他的会议上宣读她写的一篇论文，被拒绝后，她回信说："在这个年代我对于你这种把女性排除在外的做法感到震惊。这是一种极其守旧的做法。"尽管遭到女性心理学家的非议，这个规定从创立一直到铁钦纳去世后两年协会重组后才取消。虽然铁钦纳不允许女士参加他的实验心理学家学会的会议，但实际上铁钦纳并不是对女士抱有什么偏见。以铁钦纳的学生为例，在他培养的56位博士中，有1/3以上是女性。历史上第一位女心理学博士玛格丽特·佛罗伊·沃士波恩就是铁钦纳的学生。他还聘请女性做工作人员。有一次，在学院院长反对的情况下，他还是坚持聘任了一位女性做教授。

1927年铁钦纳逝世后，著名心理学家霍华德·沃伦在《科学》杂志发文这样评价铁钦纳，"他是美国心理学界最显赫的人物之一……对心理进行分析或解构研究的领袖……他视野宽阔而又严格限制自己实验室的研究领域"。

心理史学家E. G. 波林在对铁钦纳的纪念文章中这样说："铁钦纳，美国实验心理学的泰斗……行为主义与其他方面的对立，只有当这种对立是发生在行为主义与他之间、心理测试与他之间，以及应用心理学与他之间时才清晰可见。他的去世使美国心理学界发生了结构性的混乱。"

# 阿德勒

| 提示语：人本主义心理学先驱，个体心理学创始人。

阿尔弗雷德·阿德勒（1870年2月7日—1937年5月28日），奥地利精神病学家，人本主义心理学先驱，个体心理学的创始人。著有《自卑与超越》《人性的研究》《个体心理学的理论与实践》《自卑与生活》等。

阿德勒1870年出生在奥地利维也纳郊区的一个小镇，家庭富裕，在维也纳长大。他的父亲是一名做谷物生意的犹太富商。阿德勒在六个孩子中排行老三。求学时成绩平平，数学成绩一度极差，但在父亲的支持鼓励下，他终于成了班上数学成绩最好的学生。

1895年，阿德勒进入维也纳大学，取得医学博士学位，最初做的是眼科医师，后来转向精神病学，追随弗洛伊德探讨神经症问题。

1896年4月到9月,他应征服兵役,在奥地利军队的一所医院工作。

1897—1898年,他又回到维也纳大学深造。其间,他和来自俄国的留学生罗莎结婚。他们有四个孩子,三女一男,其中亚历山德拉和库尔特后来成为阿德勒学派的心理学家。

1899—1900年他与S.弗洛伊德在同一个城市里行医,两人相识后成为好友。不久,他又和威廉·斯特克尔一起参加《心理分析汇编》的编辑工作。1902年他开始参加弗洛伊德周三讨论会,成为当时精神分析学派的核心成员之一。1908年在奥地利的萨尔茨堡召开的第一次国际心理分析会议期间,阿德勒发表了关于"好斗的冲动"的报告,并于1910年任维也纳精神分析学会主席。在1911年,因为突出强调社会因素在人的发展过程中的作用,他公开反对弗洛伊德的泛性论,导致两人关系破裂。阿德勒创立了个体心理学,另建了自由精神分析研究会。1912年该研究会改称个体心理学会,成为一个颇有影响的组织。1914年他创办了《国际个体心理学》杂志。1920年后任教于维也纳教育学院，并在学校系统中组织儿童指导临床活动，成立儿童指导中心。1922—1930年，他主持召开了五次国际个体心理学会议。他在1926年任美国哥伦比亚大学的客座教授，1934年定居纽约。1937年阿德勒在赴苏格兰亚伯丁做讲演旅行途中病逝。

阿德勒的学说以"自卑感"与"创造性自我"为中心，并强调"社会意识"。主要概念是创造性自我、生活风格、假想的目的论、追求优越、自卑感、补偿和社会兴趣。他继承和发扬了弗洛伊德的精神分析理念，但其基本观点与之大相径庭。

①个体心理学认为人的行为是由社会力量决定的。人天生就是一种社会存在物，在社会生活中，人们进行交往，相互依赖，相互合作；而弗洛伊德则强调人的生物学本能、人的成长过程是本能的自然展开，其行为是先天决定的。②个体心理学视人格为统一的整体，强调其不可分割性。阿德勒认为，每个人的人格都是各种动机、特质、兴趣、价值所构成的统一整体；弗洛伊德把人格分为本我、自我、超我这些不同的部分。③个体心理学认为意识是人格的中心。阿德勒认为，人是一个有意识的存在物。通常，人能意识到行为的动机意识与无意识并非绝对对立。对某些道理，如果我们意会到了，那么就是意识的；如果失于意会，那么就是无意识的。意识的行为是人类主要的行为。弗洛伊德的经典精神分析则认为无意识是人格的中心。④阿德勒强调未来对人的行为的影响。他认为，人既然是有意识的，就能意识到未来的种种条件，制订某种计划，用以指导自己的行为。阿德勒也承认过去的经验（特别是原始的经验）对人的行为有影响，但他认为这不是决定性的。这同弗洛伊德的观点显然是对立的。⑤个体心理学认为性只是人类行为的动力因素之一。阿德勒并不完全否认性的作用，但他认为性的作用在决定人的行为方面只扮演一个极不重要的角色。他认为，真正对人的行为起作用的还是人的社会需要。

在阿德勒体系中，有几个核心概念。

1. 追求优越

他特别强调意志的实现对人的意义。认为人类的一切行为都受"向上意志"支配，一个人生来就有一种内驱力，将人格各方面汇合成一个总目标：要求高人一等的优越感，即出人头地。这种为优越感进行的奋斗是内在的，不仅在个体的水平上，而且在一切文化的历史上同样进行着这样的奋斗，它引导人和种族永远不断进步。追求优越是阿德勒个体心理学的核心，也是支配个体行为的总目标。但是，阿德勒认为追求优越的结果却有两重性，它既可以激励人追求更大的成就，使人的心理得到积极的成长，也会让人由于追求个人优越而忽视社会和他人的需要，从而产生"自尊情结"，使人变得缺乏社会兴趣，妄自尊大起来。

2. 自卑与补偿

自卑与补偿是阿德勒个体心理学的重要组成部分，也是个人追求优越的基本动力。阿德勒坚持认为自卑感是人的行为的原始决定力量或向上意志的基本动力。在他看来人生本来并不是完美无缺的，有缺陷（包括身体缺陷）就会产生自卑，而自卑能摧毁一个人，使人自暴自弃或发生精神疾病；另一方面它能够使人发愤图强，振作精神迎头赶上，如此可以解决原始缺陷和追求优越之间的矛盾。

阿德勒认为，人对某些缺陷的补偿是自卑的重要内容和表现。他说一个身体有缺陷的人产生的自卑情结会令他尽最大的努力去补偿以取得优越感。他认为如果儿童顺应或很少反抗，这种自卑感就带有女性品质或使他成为生活的弱者，反之，儿童若奋起反抗，这种自卑感便带有男性的品质。"任何形式的不受禁令约束的攻击，敏捷，能力，全力以及勇敢，自由，侵犯和残暴的特质都是男性所具有的品质。"

### 3. 生活风格

生活风格是阿德勒个体心理学中的一个重要内容。阿德勒认为人追求优越的目标总要通过各种行为方式来实现。所谓生活风格，就是指一个人在早期社会生活道路上已定型化的行为模式。他强调人的生活风格约在四五岁时已在家庭环境中形成，以后几乎终生不变。他非常重视家庭行第、出生次序和家庭气氛对儿童性格类型形成的影响。尽管阿德勒强调家庭环境在人格发展中的重要性，但是他坚持起决定作用的仍然是天生的潜力和欲望。在他看来生活风格对人格的影响是潜意识的或被动的，而创造性自我则是按照自己的创造性构建起来的独特的生活风格，是主动有意识的行为。即人格直接参与自己的命运并决定自己和外界的关系。

### 4. 创造自我

阿德勒认为自我可以按照自己独特的生活风格决定自己的行为方式。人是有意识的个体，可以选择自己的生活道路，参与决定自己的命运。阿德勒反对弗洛伊德的宿命论观点，他认为人从遗传与早期经验中获得的只是一些"砖块"。影响人的成长有三个要素，即遗传、环境和创造能力。其中创造能力起重要作用，它与其他两个要素结合，才可克服人生障碍。它追求经验，甚至创造经验以帮助个人形成他独特的生活作风。创造性自我使人格有一贯性、稳定性和个性。它是人类生活中活的因素。

### 5. 社会兴趣

社会兴趣指人具有一种为他人、为社会的先天思想准备和自然倾向。他认为人是社会性生物，人天生具有社会兴趣的潜能。社会兴趣不仅是一种涉及与别人交往时的情感，它也是一种对生活的评价态度和认同能力。阿德勒还认为有无社会兴趣是衡量个体是否健康的主要标准，社会兴趣的水平决定一个人生活意义的大小和对社会贡献的程度。阿德勒认为人的社会兴趣最初是由儿童同其父母间早期相互作用而产生的。因此父母的重要任务之一是唤起和培养儿童的社会兴趣，对儿童的溺爱和漠视则是影响儿童社会兴趣发展的两个重要原因。

阿德勒的主要贡献在于推动了精神分析社会文化派形成，促进了精神分析向人本主义心理学的转变，在方法论上体现出整体论的原则。

# 麦独孤

> 提示语：20 世纪早期著名心理学家。

威廉·麦独孤（1871 年 6 月 22 日—1938 年 11 月 28 日），英国裔美国心理学家，20 世纪早期著名心理学家，策动心理学的创建人。

麦独孤 1871 年 6 月 22 日生于英国的兰开夏，他的父亲很富有，拥有一家私人化学工厂。15 岁的时候，麦独孤进入曼彻斯特大学学习生理学；1890 获得奖学金进入剑桥大学学医；1894 年获医学学士学位；继而在伦敦圣托马斯医学院实习深造。1898 年实习期满，他获得医学博二学位。在这段时间里，他阅读了哈佛大学 W. 詹姆斯教授的《心理学原理》，对心理学产生了浓厚兴趣。1900 年他任伦敦大学学院讲师；1904 年任牛津大学心理哲学讲师；1912年当选为英国皇家学会会员。1908年，麦独孤和美国社会学家罗斯不约而同地发表了以《社会心理学》命名的专著。西方把这一年作为社会心理学诞生的年代。1914—1918年第一次世界大战时，他担任少校军医，为军人提供精神治疗服务。

麦独孤于1920年赴美国任哈佛大学心理学教授；1927年他又到杜克大学任教授；1938年去世。主要著作有《生理心理学入门》《社会心理学导论》《心理学纲要》《变态心理学纲要》等。

1908年，发表《社会心理学引论》时，麦独孤就曾说过："心理学对社会科学有一个基本重要的部门是研究人类行动的源泉，即维持身心活动和调节行为的冲动和动机的部门；可是这在心理学的所有部门之中，却是最落后的，因为它是最隐晦、含糊和混乱的。至于有关意识状态的适当分类、元素的分析、这些元素的性质、它们混合的法则等问题的解答对社会科学是几乎没有多大意义的。"因此，麦独孤便以他一生的精力研究他所认为心理学的这个落后部门的问题，也就是先天的本能倾向或动机的问题。

他对德国传统的实验心理学研究是不满意的，认为它无助于解决社会科学的心理学基础的问题。为了解决这个问题，研究者只能借助于先天的行为动力或本能的探索。他继承并发展了沃德的理论，从而构成了他的"目的心理学"。他说，"目的的行动是心理学的最基本的范畴"。这个目的心理学为什么后来又改称策动心理学呢？这是由于麦独孤受沛西能的提示。沛西能发表了《教育原理》，认为目的行为有一种内在驱力。"对于这个驱力或冲动的因素，不管发生在人们和高等动物的意识生活中，还是发生在身体的无意识活动中和低等动物的（假想的）无意识行为中，我们建议给它一个独特的名称——策动（希腊文 horme）"。因此，麦独孤便称他的心理学为策动心理学，而将本能作为社会行为及一般行为的基础。

本能。

麦独孤说:"本能是人的一切活动的主要动力,每一种浮想联翩,不管它似乎平淡无味,但由于某种本能的意力或冲动力的支持,也可以达成结果,而且每种身体活动也都借这种力量,从创始时起持续不止。我们如果没有这些本能倾向,以及其强有力的冲动,其有关的机体就不复能进行任何种活动,而患瘫痪了,好像大发条已被除去了的坏表,或一部火已熄灭了的蒸汽机。这些冲动是保持和形成个体和社会生命的精神势力,在它们那里,就存在着生命、心灵和意志的奥秘。"

麦独孤的这个本能概念源于达尔文主义。据说,有一次他在饭馆用餐时听到邻座有一个人出于对年轻人的关怀,讲到心理学时,赞赏说,"我观念的联想,还有一切这类的东西,很重要!"麦独孤心里却回答他说,"很不重要",他的真实思想认为重要的是行为的主要动机或本能。

G. W. 奥尔波特也阐述了麦独孤与达尔文主义的关系。他说,"从笛卡儿以后,官能心理学家肯定区分了人的官能,但是他们的奋斗没有导致有关这些能力性质的系统讨论,从而发挥其在社会上的效用。达尔文的自然选择说改变了这个局面,使我们有理由相信一切行为——动物的或人类的、个体的或社会的——都依靠大批本能的进化,促成物种的生存。博物学家受了达尔文的启发,立即开始为动物本能编制目录,不久以后,心理学教科书较欠考虑地罗列人类动机的基本单位的名单。但这样就需要由麦独孤来体会达尔文主义的含义,建立从本能假设为基础的一种有完满连贯性的社会心理学"。奥尔波特接着征引了麦独孤的本能定义如下:"一个本能是一种遗传的或先天的心物倾向,决定那有此倾向者感知和注意某一种类的客体,在感知时,体验着某种特殊情绪的激动,和对它做出某种特殊样式的动作或至少体验着这种动作的冲动。"奥尔波特说,"我们如果对这个定义逐字予以充分的理解,就可以概括他的社会心理的整个体系了"。麦独孤的本能心理学和詹姆士的本能理论也不无联系。18世纪的欧洲哲学家认为动物的活动决定于本能,人类的活动决定于理性。但詹姆士不以为然,在他看来,人的本能数目较多于动物。只因人有记忆而又长于反思和考虑,每当一种冲动来临时,就会根据过去的经验,预知其结果,而加以裁制。即就稍能记忆的动物而言,它们的本能动作在重复一次以后,也不是完全盲目的,何况于人呢。所以人的本能虽多而不显。

麦独孤也不完全同意詹姆士的观点。他说:"那些把本能仅仅看作神经系统中运动机能的人宣称,个体习得的机能或习惯实质上与先天构成的所谓本能的机能完全一致。因此,有些人把习惯说成本能,把本能说成先天的或种族的习惯,本能和习惯的差异只是一种历史的或发生学的差异。一旦认识了本能促成行动,他们就主张或设想习惯也有相同的动力,促使我们努力进行活动。我们知道詹姆士也采取这个观点,认为本能基本上是来得短促的,是仅用以形成习惯的,成年时习惯就取代本能了。这个习惯也有动力的观点到了吴伟士教授手里就得到了最清楚而一贯的说明。他用一个合宜的术语'驱策力'标志本能的动力,以为每一本能驱策行动,有驱策力,所以一个活动的习惯也能驱策行动,有相同的驱策力。这个观点,我是不能接受的。"

他接着征引了人们所有习惯的活动,如打字、弹钢琴等。他说:"这种习惯,不管它如何熟练,能形成一种驱动力吗?转化为一种动机或不易控制的行为的冲动吗?能产生一种持久的嗜欲吗?或其本身就是目的的源泉吗?对这些发问显然要应之曰:否。"

情操。

麦独孤本能说的困难在于对人的道德行为的解释。他的本能心理学认为每一个本能都各有相应的情绪,例如愤怒与攻击,惧怕与逃避,柔情与父母性本能等。为了由个体心理学转入社会心理学,麦独孤便采取了香德(A. F. Shand)的情操说,认为情操不同于情绪,情操是以某一客体为中心而组成的情绪倾向的系统,而自我情操则尤其受到了他的重视。因为它是走向社会心理学的"敲门砖",是解释道德行为和意志决定的关键。

他举例说:"如当饥渴得要死时却将面包和水让给别人,说'他的需要比我迫切';受人迫害时,却宽恕了他,胆战心惊时,却坦然处之;又如在受性的引诱时,却不为所动。"我们对这些人际关系的道德行为将如何解释呢?

我们像柏拉图或某些近代道德家那样,满足于假定,那里有神圣的理性坐镇脑内,像驭手用马鞭驾驭野马一样,控制热烈的情绪吗?绝不是这样的。

对这些问题,麦独孤认为近似正确的答案正如他在《社会心理学引论》中曾说过的,这个区的未知数常是自我情操内所唤醒的冲动,似乎在道德行为的斗争中总有这个情操予以支援,以致取得斗争的胜利。即便意志的决定也有赖于它的力量。譬如在理欲相持的道德矛盾的情境之中依欲而动抗力较小,依理而动抗力较大。人在考虑时如何能沿着抗力最大的路线做出合乎道德标准的决定呢?有些心理学家将此归因于人的品格中的意志力的强大,有些人则归因于良心。麦独孤对二者都予以否定,他认为只有人的自我情操才是意志或良心背后的决定因素。

社会心理学的个体化。

他和冯特都从生理学出发转向社会心理学。他讥评内省的分析无助于社会心理的研究,而借道生物学,强调本能和自我情操的重要性,实际上是提倡生物学化的个体主义心理学。所以卡普甫(F. B. Karpf)指出,麦独孤的《社会心理学引论》曾广受欢迎,也曾大受指责。"他的著作代表有关人类行为的生物学的研究和个体主义的观点得到心理学家的支持较之社会学家为热烈,尽管麦独孤的文字结构的简洁和专门家姿态的表现在社会学领域内也享有盛名。但在这两种领域内都滋长着这样一种感想,麦独孤自己对此也表示同意,就是:尽管他如何竭力维护他的心理学观点,但内容肯定很少是涉及'社会'的。因此,我们对麦独孤的社会心理学,不能寄希望于他的《社会心理学引论》。他曾说过,好比出门旅行,《社会心理学引论》只是在做准备,《团体心灵》才是起程。"

团体心灵说。

还是从比喻说起。麦独孤在《团体心灵》的序言中说:"我觉得自己像许多前代人和当代人一样,带了一只空无所有的大箱子或至少是一只装备简陋的旅游袋,预备出发作探索社会的航行。但我也不愿不带行李动身,却要选取少数的应急用具:小心翼翼地装箱成行。"同时他告诉我们"前一著作(指那本《引论》——引者)只是一前导,目的在为社会心理学清道奠基,让后来的著作(《团体心灵》)深入本题。"因此,论述麦独孤的社会心理学应以《团体心灵》为主。

麦独孤一旦出发做社会心理学的探索游历时,自认他小心筹划的装备全不够格,也不适用,像他的许多前辈一样审时度势,改弦易辙。他面对当前社会团体研究的需要,不得不放弃个体主义的范畴,从头开始。因此,他的《团体心灵》不再是他的引论篇章中所论述的那些本能倾向,也不是这些各自独立的单元倾向的结合。他甚至告诉我们说,"团体不等于个体的总和""依照团体生活的定律而有它自己的生活",否定了个体生活的规律。

麦独孤受到了达尔文著作的深刻刺激,对发生学问题产生兴趣,他要使心理学家注意物种进化和个体发展的问题。不久以后,他明白,物种和个体的进化历程主要是社会的,因此,麦独孤说:"他们演变了,每前进一步都由于个体和他的社会因素的交互作用；一方面，个体心灵的生长随它所处的社会的精神势力的变化而变化；另一方面，这些势力又是构成社会的各种个体心灵交互影响的产物。因此，只有当我们考虑个体生活和社会生活经常发生交互的关系时，才能理解双方的生活。每一个人只是一个不全面的个体；他是这样的一个广大无边的活力的精神系统的单元，这个系统具体表现为人类社会的形式，其所全力以赴的终点是没有人能够预知的，每一单元的职能在于原封不动地传递这些势力，虽有所变化或损益，但都微不足道，离开那个体系统就没有意义，也无法解释。在历史的任何时期，这些势力的系统的活动都为进化的历史长流的条件所决定，而这些条件又为无数世代的精神活动的产物，但也仅为生活在某一时期的社会成员所造成的极其微弱的变化。因此，可以说，社会包括死者和活人，活人决定社会生命的作用，与死者比较起来是无关轻重的。"

空间知觉和认识。

空间知觉在麦独孤看来是主观活动的结果，他反对联想主义的空间知觉说，同意空间知觉学说的第三个学说，即认为心灵内部产生了一种性能去影响原来没有空间性的种种感觉，使它们投入空间的形式之内，从而得到统一和条理。

在认识心理学上，他基本同意格式塔心理学的观点，认为认识的发展不由于联合而由于分化，从一个原始的不分化的整体进展为分化的有明显界限的简单的东西；认识的发展是"起始于高度的一般的认识，而逐渐进展到特殊的认识"。

麦独孤反对正统的实验心理学，认为心理学应该研究人类的行为；但他又反对华生的行为主义，肯定"心灵"的假说，认为人和动物的行为都是有目的的，并提出了行为的七个标志以区分他所说的目的行为和华生的机械反射。同时，他又将人的行为归之于本能。

麦独孤的心理学思想并不属于行为学派，而且他在心理学界成名也远早于华生。一般心理学史上之所以将麦独孤的思想列在行为学派主题下讨论，主要有两个原因：

他最早提出心理学是行为科学的理念。1905年，麦独孤首先提出心理学应为研究行为的实证科学，提出以本能为基础的行为学说。在麦独孤看来，行为的特征是追求一定的目的，这样就必须考虑引起目的性行为的基本动力。1908年，他出版了《社会心理学导论》一书，力主心理学必须放弃内省法研究意识的趋向，改而研究行为。只有以行为作为研究主题，才能使心理学成为一门实证科学。不过，麦独孤所指的行为和华生的主张并不相同。华生所指只限于可观察的外显行为，而麦独孤则将内在心理活动也包括在行为之内。

麦独孤的思想影响了新行为主义思想的发展，他的目的心理学思想就是托尔曼所倡导的目的行为主义思想的基础。

# 华 生

> 提示语： 美国心理学家， 行为主义心理学的创始人。

约翰·华生（1878 年 1 月 9 日—1958 年 9 月 25 日），美国心理学家，行为主义心理学的创始人。

约翰·华生 1878 年 1 月 9 日出生在美国南卡罗来纳州的格林维尔附近的特拉弗勒斯·雷斯特。父亲是一位性情暴躁的小农场主，母亲是一位虔诚的美南浸信会信徒，从小按照严格的教规培养华生，导致他后来对任何形式的宗教都很反感。他幼时学会了木匠活儿，这也成为他一生的爱好。

13 岁时他的父亲抛弃家庭，于是母亲卖掉农场，搬到格林维尔镇居住。来自偏僻乡村的华生经常受到同学的嘲弄,他的情绪低落,学业表现极差,而且曾经两次被捕,第一次是因为和黑人打架,第二次是因为在城内鸣枪。

16岁时,华生请求面见当地美南浸信会的福尔曼大学校长,得以进入该校学习。起初他按照母亲的希望,选修神学,但是不久就放弃了。华生在大学期间学习很刻苦,并于1900年获得文科硕士学位。毕业之后,华生担任了一年只有一个班级的小学校长。他听说自己过去的哲学教授戈登·摩尔去芝加哥大学任教,于是写信向芝加哥大学校长威廉·瑞恩尼·哈柏自荐,请求免费入学,同时又请福尔曼大学的校长写了一封推荐信。哈柏校长录取了华生。最初华生师从约翰·杜威学习哲学,但是不久发现自己真正感兴趣的是心理学,于是决定转系,将导师换成机能主义心理学家詹姆斯·罗兰·安吉尔和生理学家亨利·唐纳森。为了维持学业,华生在芝加哥同时打几份零工,包括看门、在实验室照管白鼠、在宿舍当服务员。经过3年艰苦的学习,他于1903年获得博士学位。

博士毕业后,华生留在芝加哥大学教实验心理学。他在学校实验室教铁钦纳式的实验,又自己在地下室建了一个私人实验室做实验。1904年,他和玛丽·伊克斯结婚。1908年,他到约翰·霍普金斯大学任心理学教授,并很快担任心理系主任。在霍普金斯大学期间,他以极大的热情投入工作中,并取得很大成功。

1913年,华生在美国《心理学评论》杂志上发表了题为《一个行为主义者所认为的心理学》的论文,阐明了他的行为主义观点。这篇论文普遍被认为是行为主义心理学正式成立的宣言。1914年,他又出版了《行为——比较心理学导论》一书。这部书是他根据1913年冬在哥伦比亚大学所做的八次讲演整理而成的,这部书内,他的行为主义心理学理论体系已初具规模。

华生的行为主义观点很快被年轻的心理学家们接受。1915年华生当选为美国心理学会主席。1917—1918年他在航空部队信号部门工作。1918年，华生开始对幼儿进行研究，这是以人类婴儿为被试者的最早尝试。1919年，他的代表作——《行为主义观点的心理学》出版。在这部书内华生采用了巴甫洛夫的条件反射概念，系统阐述了他的行为主义心理学理论体系。

华生还做过几种期刊的编辑。

1921年，华生进入智威汤逊广告公司工作。1924年成为公司副总裁。1936年他成为威廉·埃斯蒂公司副总裁。在从事广告工作期间，他还于1920—1930年在纽约社会研究新学院和柯柏同盟学院做过很多关于行为主义的讲座，非常受欢迎。他的讲座内容于1925年出版并于1930年再版。1946年华生退休并搬到乡下生活。他生命的最后几年是在康涅狄格州的一个农庄中度过的。1958年华生去世，去世时有4个子女和10个孙子孙女。

华生反对传统意识心理学把意识作为心理学研究对象的行为，把内省法作为心理学的研究方法，而主张心理学用自然科学的客观方法研究行为，并在此基础上构建了他的行为主义心理理论体系。他认为行为主义的理论目标是对行为的预测和控制。为了实现这一目标，他坚持经验实证原则，继承机能主义传统，认为心理学是纯粹自然科学的一个客观实验分支。由此，华生认为凡是没有经验的对象都不能作为心理学的对象，主张放弃内省法，放弃所有与意识有关的范畴，如感觉、情绪、思维，等等。

华生认为，行为是有机体适应环境的全部活动。为了便于对行为进行客观的实验研究，他把行为和导致行为的环境影响分析为两个简单的要素，即刺激（S）和反应（R）。刺激是指引起有机体行为的外部或内部的变化；而反应则是构成行为最基本成分的肌肉收缩和腺体分泌。这样，全部行为，包括身体活动，也包括通常所说的心理活动，都不外乎是一些物理变化引起的另一些物理变化而已。

华生承认"反应"一词是借用自生理学，但是在心理学中的反应更复杂，而不是简单的肌肉骨骼动作相互联结而成为行为的方式。华生把反应分为四类：①外显的习惯反应，如开门锁、打网球、拉小提琴、与人交往等；②内隐的习惯反应，包括条件反射所引起的腺体分泌、无声言语（即思维）、身体的定向或态度；③外显的遗传反应，包括人的各种可以观察的本能和情绪反应，如抓握、打喷嚏、眨眼等；④内隐的遗传反应，包括生理觉察研究的内分泌系统和循环系统的各种变化。

华生进而强调，反应是由特定的刺激引起的。这些刺激可以是简单的，比如投在视网膜上的光波；也可以是复杂的，比如社会生活中的一组复杂的刺激。华生认为，心理学研究的目的就在于确定刺激和反应之间的规律，以便人们在已知刺激后，能预测将会发生怎样的反应，或者已知反应后，能够指出有效刺激的性质，从而建立了著名的 S—R 公式。

行为主义的研究方法比较丰富，主要包括观察法、条件反射法、言语报告法、测验法和社会实验法。观察法包括自然观察和借助仪器的观察。条件反射法是把生理学中的条件反射法引入心理学中对行为进行实验研究的方法，是行为主义心理学中最重要的研究方法。言语报告法即被试者报告其体内的变化，又称口头报告法。行为主义的测验法是测验被试者对刺激情境做出的反应，这种方法可以应用到有语言缺陷的人身上。行为主义的社会实验法在某种程度上可以说是行为主义原理在社会问题研究中的应用，借此可以考察社会情境和社会变化之间的关系。

约翰·华生行为主义理论包括了本能理论、情绪理论、思维理论、人格理论、感觉理论。

本能理论。

华生关于本能的认识经历了三个阶段：一开始全盘接受传统

心理学的观点,后来产生动摇和怀疑,到最后完全否定本能的存在。在他看来,人类是一种动物,生来便具有一定的构造。因为有这样的构造,人一出生就对各种外界刺激产生一定方式的反应,如呼吸、心跳、打喷嚏等。他把这些反应称为非学习行为。他认为,这些非学习行为与通常心理学家讲的行为不相符,所以,根本没有本能这种东西,从而也就不需要这个概念。他把人们通常所说的本能动作都归到学习行为中,认为这些动作是由于学习而得到的结果。华生在否认遗传的本能行为后,认为人的行为完全是环境造成的。他说:"请给我十几个健康而没有缺陷的婴儿,让我在我的特殊世界里教养,那么我可以担保,在这十几个婴儿中,我随便拿出一个,都可以训练他成为任何一种专家——无论他的能力、嗜好、趋向、才能、职业及种族是怎样的,我都能把他训练成为一个医生,或律师,或艺术家,或商界领袖,甚至也可以训练他成为一个乞丐或小偷。"

情绪理论。

华生认为,情绪是一种遗传的类型反应,包括整个身体机能的深刻变化,特别是内脏和腺体系统的深刻变化。华生把本能和情绪都看作是遗传的,反应差不多总是以同样的顺序,但本能和情绪有区别。如果刺激所引起的适应是内部的,而且局限于主体的身体之内,那么这就是情绪;如果刺激引起整个有机体对各种对象的顺应,那么这就是本能。

华生认为,人有三种原始的或基本的情绪,即恐惧、愤怒和爱。它们发生的主要情境以及它们的典型表现各不相同。华生用条件反射法研究了情绪的发展变化并得出一些有价值的结论。首先,华生根据对一个11个月大的男孩形成条件反应的事实(即著名的"小阿尔伯特实验"),认为条件化是使情绪复杂化和发展的机制,人的各种复杂情绪都是在前述三种原始情绪的基础上,通过条件作用而逐渐形成的。其次,华生的实验还表明,条件化的情绪反应具有扩散或迁移的作用；而在适当的条件下，又可分化开来，形成分化的条件情绪反应。此外，华生通过对一个3岁孩子的实验发现，重新实施条件作用或者解除条件作用是消除不良情绪反应的最有效的方法。

思维理论。

华生认为思维也是一种感觉运动的行为。他说，语言的习惯有两种，一种是外显的语言习惯，这就是言语；一种是内隐的语言习惯，这就是思维。两种习惯动作在本质是等值的，因此，言语是有声的思维，思维则是无声的言语。在这里，他还提出了一个重要的思想，就是内隐的语言习惯是由外显的语言习惯逐渐演变而来的。开始是儿童独自一人不断地对自己讲话，以后在大人与社会的要求下，变为小声地讲话，最后又变为只在嘴唇内出现。

华生还对思维的创造作用进行了解释。对于各种思维的创造物，他说，我们之所以会得到它们，是玩弄词的反应的结果。人们将词的反应变来变去，最后得到一种新的反应模型，这便是各种思维的产物。

华生认为，人类除了语言形式的思维之外，还有非语言形式的思维。他提出，聋哑人说话时就是用肢体运动代替语言词汇的，他们的语言和思维都是以同样的肢体反应进行的。甚至正常的人也并非总是用词汇来进行思维的，当一个人在思维的时候，他不仅发生潜伏的语言活动，而且还发生潜伏的肢体活动和潜伏的内脏活动。而后面这两种活动占据优势的时候，就发生了没有言语形式的思维。

人格理论。

华生认为，人格就是指一个在反应方面现有的和潜在的全部"资产"和现有的、潜在的倾向。华生指的资产是：①已形成的各种习惯的总体，社会化了的已被调整过的各种本能，社会化了的和已被锻炼过的各种情绪,以及这些东西之间的各种组合和相互关系;②可塑性(形成新习惯和改变旧习惯的能量)和保持性(已建立的各种习惯恢复其作用的速度)是高度系数,也就是个人对当前或将来外界环境适应的能力。而倾向则是指在当前环境中不发生作用和阻止其对已改变的环境进行顺应的潜在因素。华生指出,人格是一切动作的总和,是各种习惯系统的最后产物。他认为,研究人格的方法就是设法将动作流切断,使之成为横切面。他还认为,人格是可以改变的,因为它是由环境的影响造成的;所以改变人格的途径就是改变人所处的环境。

感觉理论。

华生从他的行为主义观点出发,在其著述中尽量避免应用"感觉"之类的传统心理学名词,代之以"刺激"和"反应"等字眼。他把各种感觉改为"视反应""听反应""痛反应"等。他还用差别反应取代差别感受性,用白光反应取代补色视觉,用后效取代后像,用视反应错误来取代错觉。

美国学者古斯塔夫·伯格曼说,"约翰·华生在20世纪上半叶的心理学思想史上是仅次于弗洛伊德的人物——虽然相差甚远。他的思想在心理学家中被广泛接受……他不仅是一个实验心理学家,还是系统的思考者和方法论者。尤其是在最后这个领域他做出了重大贡献"。

# 荣　格

| 提示语：人格分析心理学理论创立者。

卡尔·古斯塔夫·荣格（1875年7月26日—1961年6月6日），瑞士心理学家。曾任国际心理分析学会会长、国际心理治疗协会主席等，创立了荣格心理学学院。他的理论和思想至今仍对心理学研究产生着深远影响。荣格的主要著作有《论精神的实质》《埃里恩：自身的现象学研究》《共时性：相互关联的偶然性原理》《荣格性格哲学》《未发现的自我》《荣格文集》《分析心理学的理论与实践》《荣格自传》等。

卡尔·荣格1875年出生于瑞士的凯斯威尔，家里八个叔叔及外祖母都是神职人员，父亲也是一位虔诚的牧师。他有两个哥

哥都在他出生之前夭折了。父母不和睦，母亲的性情反复无常。荣格自小便是个奇怪而忧郁的小孩，他大都是和自己作伴，常常以一些幻想游戏自娱。

6岁时荣格进入学校学习，父亲同时开始教他拉丁语。在和同学们的相处中，荣格慢慢发现家庭之外的另一面。多年之后回想起来，他将自己分成了两个人格——一号和二号。一号人格是表现在每天的日常生活中，此时的他就如同一般的小孩，上学念书，专心、认真学习；另一人格犹如大人一般，多疑、不轻易相信别人，并远离他人。

12岁那年一个初夏的中午，荣格被一个男孩推倒，此后数月内荣格经常陷入昏厥的状态。他的父母四处延医但治愈效果不好。然而，在以后的岁月里，荣格却通过自己的意志力治愈了自己的怪病。荣格将其称为经历一次"精神官能症"。同一时期内，荣格的一号人格成为主人格，二号人格的世界则慢慢地消逝。在这期间他开始接触西方哲学史包括叔本华的著作。

荣格起初计划修习自然科学或人文科学，也曾想成为一名考古学家。1895年荣格进入巴赛尔大学主修医学。在校期间他发表了关于神学和心理学的演说。大一时，他对论述精神现象的书很感兴趣。毕业后，荣格选择精神医学方面的课程和临床实习。1900年12月，他在苏黎世的伯戈尔茨利精神病院取得了助理医师的执照，导师是布雷勒，并开始接触弗洛伊德的精神分析学说。1903年荣格发表毕业论文，题为《心理学与超自然》。

1904—1905年，荣格积极参与由布雷勒领导的有关早发性痴呆（后改为精神分裂症）的实验计划。在布雷勒指导下，荣格进一步发展了"字词联想"的测验方式。1905年，荣格升任苏黎世大学的精神医学讲师，并在同年升格为精神科医院的资深医师，主讲精神心理学，也讲授弗洛伊德的精神分析以及原始人心理学。1906年，荣格发表有关字词联想的研究结果：*Studies in*

Word Association，并将它寄给弗洛伊德。

卡尔·古斯塔夫·荣格与弗洛伊德的友谊

1907年3月荣格与弗洛伊德两人正式在维也纳会面。两人交谈了近30小时。对荣格而言，弗洛伊德是他遇见的最重要的人。对弗洛伊德而言，荣格非犹太人的背景正好可以破除只有犹太人才关心心理分析的偏见，而荣格在伯戈尔茨利医院的心理医疗背景和经验，更让他成为心理分析阵营的新星。6个月后弗洛伊德将自己的研究成果寄给了荣格。也就是从这个时候开始，两人开始了长达6年的紧密交往与合作。

1908年荣格担任《心理分析与精神病理研究年鉴》编辑，1910年荣格被推选为国际心理分析学会会长，也是该协会第一本心理分析期刊的主编。同时荣格开始准备论文《无意识心理学研究》，文中阐述了他与弗洛伊德在心理学研究方面的差异，两人之间的分歧日益加剧。除了对心理学的看法不同之外，弗洛伊德如父亲式的权威也让荣格受不了。

1912年弗洛伊德到荣格居所附近的克罗伊茨林根访友竟未顺便拜访他，荣格对之大为愤慨。此后不久荣格再次赴美在福德曼大学作了数次演讲，公开驳斥弗洛伊德的性本能学说，相关内容之后汇总到他同年出版的著作《心理分析理论》中。1912年荣格出版了《无意识心理学研究》，这标志着他与弗洛伊德的彻底决裂。两人最后一次会面是1913年9月慕尼黑第四届国际心理分析学大会，会上荣格作了有关人格内倾与外倾方面的演讲。

和弗洛伊德决裂之后，荣格犹如走入一条死胡同，朋友和同事们都背弃了他，他的学说也遭到了严厉的批评，他个人精神方面也出现问题。1914年时，他辞掉了职位，开始了长时间的旅行，并专心探讨自己的潜意识。

1916年开始，他为自己的研究结果出版著作并应邀演讲，在巴黎就自我和潜意识的关系做了一次讲座，此后他又在1923年和1925年作了类似的讲座。1918年，他从诺斯替教派作家的作品和炼金术中得到灵感，开始以一个全新角度研究意识心理学。1921年他出版了《心理类型》一书，探讨意识头脑对世界可能产生的态度，此书出版后荣格在心理学界声名大振。

1928年，荣格与理查德·威廉合作研究炼丹术和曼荼罗象征，取得了丰硕的成果。他的思想豁然开朗，《金花的秘密及评论》也于1929年出版，他的理论受到心理学界的欢迎。1930年，他担任了心理治疗医学学会的副主席，1933年任主席。1932—1942年荣格任苏黎世联邦工业大学教授。1934年荣格创建了国际心理治疗医学学会并任主席。从1933年起，学会每年都在瑞士阿斯科纳召开研讨会。此外，荣格还不断地被授聘世界各知名大学、科学院及学术团体的荣誉称号。

1938年荣格接受英国政府邀请，参加印度加尔各答大学校庆。在那里，荣格接触到了东方文明、佛教及印度教更多的内容。1939年第二次世界大战爆发，荣格辞去国际心理治疗协会主席一职，之后他在瑞士长期从事有关人格心理学研究和心理学治疗工作。由于身体原因，荣格于1942年辞去苏黎世瑞士联邦工业大学教职，之后他又出版了多本有关心理学与炼金术的著作。此外，荣格经常举办研讨班，分别用英语和德语讲课，学生中不少人成为第一代荣格人格分析心理学家，也成为1948年在苏黎世建立的荣格学院的基础。

1945年第二次世界大战结束，荣格离开瑞士，到世界各地访问演讲，其间出版了《心理学与宗教》，引起了宗教界的强烈反响。同时荣格在第二次世界大战前后因为有关犹太人的言论遭到非议。1946—1952年，尽管荣格长期卧病在床，但他仍然出版了四部著作《论精神的实质》《埃里恩：自身的现象学研究》《答约伯》及《共时性：相互关联的偶然性原理》，着重以人格心理学思想对宗教进行深入的剖析与探讨。

晚年的荣格继续为现代人面临的精神矛盾找寻答案，他隐居于苏黎世湖旁。

1961年6月6日，荣格安然病逝于家中，享年86岁。荣格最后一本著作《记忆、梦与反思》是他的自传，在其逝世后不久出版。

人格整体论是荣格分析心理学的核心理论。荣格把心灵作为心理学的研究对象。他认为，心灵是一个先在性的概念，与精神和灵魂相等。心灵是人的一切软件内容的全体，如思维、情感、行动等一切意识到的，一切潜意识的内容。人格的原始统一性和先在整体性，不仅在理论上追求心灵整体综合，而且在临床上要求恢复人格完整，因此分析心理学的方法论实质上是一种整体论。

在荣格看来，心灵或人格结构是由意识（自我）、个体潜意识（情结）和集体潜意识（原型）等三个层面构成的。

意识：人格结构的最顶层，是心灵中能够被人觉知的部分，如知觉、记忆、思维和情绪等，其功能是使个人能够适应其周围环境。自我是意识的中心、是自觉意识和个体化的目的所在。荣格认为意识是心灵中很少的一部分，具有选择性和淘汰性。正是出于自我才保证一个人人格的统一性、连续性和完整性。

个体潜意识：人格结构的第二层，包括一切被遗忘的记忆、知觉和被压抑的经验，以及属于个体性质的梦等，相当于弗洛伊德的前意识，可以进入意识内我领域。荣格认为个体潜意识的内容主要是情结，即一组压抑的心理内容聚集在一起的情绪性观念群，如恋父情结、性爱情结等，它决定我们的人格取向和发展动力。

荣格认为情结的作用是可以转化的：它既可以成为人的调节机制中的障碍，也可以成为灵感和创造力的源泉。情结来自先在的超个体的共同的心理基础。

集体潜意识：人格或心灵结构最底层的潜意识部分，包括世世代代活动方式和经验库存在人脑结构中的遗传痕迹。不同于个体潜意识，它不是个体后天习得的，而是先天遗传的；它不是被意识遗忘的部分，而是个体始终意识不到的东西。集体潜意识的内容是由全部本能和它相联系的原型组成，本能与原型相互依存，本能是原型的基础，原型则是本能内身的潜意识意象。由于人类遗传下来的原型不需要借助经验的帮助即可使个人的行动在类似的情境下与他的祖先的行动相似，"艺术家的创作如有神助"就是原始意象起一部分作用的结果。

荣格认为，人格系统主要有四种原型：

人格面具指人格最外层的那种掩饰真我的假象，让人总是按别人的期望行事，与其真正人格并不一致。

阿尼玛（或阴性基质）指男人身上具有的女性基本特质或特征，当阿尼玛高度聚集时，它可使男子变得容易激动、忧郁等。

阿尼姆斯（或阳性基质）指女人身上具有的男性基本特质，当阿尼姆斯高度聚集时，则会让女性具有攻击性、追求权力等。

阴影（或阴暗自我）人格的最内层，具有兽性的低级的种族遗传，类似弗洛伊德所说的"本我"。

荣格和弗洛伊德的观点主要有三点分歧：

第一,对里比多概念的解释,弗洛伊德认为里比多是性能量,早年里比多冲动受到伤害会引起终生的后果。荣格认为里比多是一种广泛的生命能量,在生命的不同阶段有不同的表现形式。荣格反对弗洛伊德关于人格为童年早期经验所决定的看法。荣格认为,人格在后半生能由未来的希望引导而塑造和改变。在对人性问题上,荣格更强调精神的先定倾向,反对弗洛伊德的自然主义立场,认为人的精神有崇高的抱负,不限于弗洛伊德在人的本性中所发现的那些黑暗势力。

第二,对梦的解析的不同。

荣格认为,梦的重要功能之一就是提出人们没有意识到或注意到的思想,梦的象征作用主要是集体无意识的表现,只有经过"放大"后才能真正了解它们的含义和原型。梦提供了能帮助人们在生活中恢复平衡的信息,它的功能主要是一种补偿性的,它通过制造梦的内容来重建整个精神的平衡和均势的状态。

在梦的解释过程中,至关重要的是尽可能多地了解梦者。将梦者的梦的联想与其清醒状态时的生活结合,以揭示梦以一种补偿方式指明的东西。

荣格对梦的精神分析还有一个特点,就是除了对梦进行个别分析外,非常重视梦的系列分析。他认为,梦的个别分析意义不大,而梦者在一段时期内的梦的系列,则可以提供一个连贯的人格画面,可以通过对某些反复出现的主题的揭示,使梦者心灵的主要倾向得以显露。

第三,荣格在他的理论中反对了弗洛伊德以性本能解释行为的观点,这一理论具有积极的意义。固然人的行为受到性驱力因素的影响,但这种影响的时间和范围是极其有限的,超出这个范围,把性的因素列为影响行为的首要因素,必然失之偏颇。荣格注意到弗洛伊德的错误倾向,就使他的理论更接近现实。

荣格关于梦的见解获得了许多称赞,并且在临床应用中硕果累累。他为理解明显具有神话性质的梦提供了一种方法,这是精神分析学家们无法与之相比的。另外,他以一种弗洛伊德所没有的方式理解了一个符号和一种象征。这一成就对精神治疗具有突破性的推动作用。

社会学家评价荣格:他能够更多地利用当代科学的手段发展出一套解释梦的理论,这应该归因于他虽然师从弗洛伊德并不得不接受他的教导,但他并没有一味地追随,而是在弗氏基础上建立一套自己的心理学分析模型。因此,当我们庆幸荣格成功地把潜意识与梦的想象力结合,创造出新的解梦理论时,也不能忘记荣格是站在西格蒙德·弗洛伊德的肩膀之上。

心理学史家舒尔兹说:"荣格的观念能激发人们的思想,而且新颖,他提出了一种关于人的乐观主义的概念,这种概念在许多人认为是由于背离了弗洛伊德而有的、值得欢迎的变化。"

心理学史家墨菲认为弗洛伊德与荣格都是负有非常不同使命的先知,弗洛伊德看到的是浩瀚的力量横扫一切,人世也不免罹难,只能略做些敷衍塞责的抗议,然而在荣格看来,"有不断扩大的领域容许同那庄严和那神圣的东西进行直接的接触,有一种患者和医生都甘愿接受的鼓励,自由无阻地朝着神秘追求的方向运动"。人们或许会这样设想,前者是一位坚定的人物,"勇敢地对抗着一个异于宇宙的虽然宏大却凄凉萧瑟的力量",对于这个宇宙,人类只可能进行局部而有限度的防御;而后者却是一位通往极富挑战性的世界的向导,在他看来,对于这个世界,人类是真正与之协调一致的。

# 考夫卡

| 提示语： 格式塔心理学代表人物之一。

库尔特·考夫卡（1886年3月18日—1941年11月22日），美籍德裔心理学家，格式塔心理学的代表人物之一。他一生专注于格式塔心理学的研究与推广，著有《思维的成长：儿童心理学导论》《格式塔心理学原理》《心之发展》《知觉：格式塔学说引论》等著作。

考夫卡1886年3月18日出生于柏林的一个律师家庭。从小接受的文化可以说是"世界性的"。他的父亲是一位著名的律师；母亲是犹太人，信仰新教；弟弟是一名法官。他接受的是柏林文化和心理学熏陶。家里为他聘请了英语女教师教习英语，可能因为这个缘故，考夫卡始终是一个"亲英派"。受生物学家舅舅的影响，考夫卡从小对哲学感兴趣，而且在1903年进入柏林大学后选修了这门课程。

1903年他进入柏林大学，他的导师是德国心理学家司徒姆夫，后者还是韦特海默、柯勒的老师。1906—1907年，考夫卡开始把一些心理学概念应用到实践中。他在心理实验室进行颜色弱化的研究，同时开始学习生理学方面的知识。1908年考夫卡以《节奏理论的实验研究》一文获得博士学位。同年他凭借另一项颜色盲视研究成果获得研究生助教奖学金。毕业之后，他作为屈尔佩的助教在符兹堡大学工作了一年，通过实验来研究由于相似引起的联想。在符兹堡大学工作期间，他深受符兹堡学派研究风格的影响。

1910年他与韦特海默和柯勒在法兰克福进行了长期的和创造性的合作，与柯勒一起作为韦特海默似动现象实验的被试者，从此三人一起成为格式塔学派奠基人。

1911年考夫卡受聘于吉森大学担任教师。1911年至1924年，考夫卡曾在德国基赞大学工作。第一次世界大战期间（1914—1918年），考夫卡应征入伍，他在军中精神病医院从事大脑损伤和失语症患者的研究工作。1921年他出版了一本有关儿童心理学的书——《心灵的成长：儿童心理学引论》。战后美国心理学界慢慢开始关注正在德国兴起的格式塔学派，邀请考夫卡为美国《心理学公报》写一篇关于格式塔的文章。

1924年考夫卡为逃避德国纳粹来到美国，先后在康奈尔大学、威斯康星大学和斯密斯学院任访问教授。1927年考夫卡被任命为美国斯密斯学院心理学研究教授，主要从事知觉的实验研究。1932年考夫卡曾随一个探险队到中亚进行研究中亚人的调查工作，并开始写作《格式塔心理学原理》。1935年，考夫卡出版了《格式塔心理学原理》。

晚年时，考夫卡还研究过颜色视觉和知觉组织。1941年11

月 22 日，考夫卡因心脏病逝于美国马萨诸塞州北安普顿。

格式塔心理学体系倾注了库尔特·考夫卡毕生的精力。

在格式塔心理学体系中，考夫卡把直接经验作为自己的研究对象，这种直接经验是一种自然现象，只能通过观察来发现，因此格式塔心理学强调运用自然观察法。但由于直接经验中也包括一种类似意识的东西，而对这一部分的研究必须依赖主体的内省，但是内省不能用作分析，只能用来观察。不管是观察还是内省，格式塔心理学都要求必须从整体上去把握。格式塔心理学以直接经验（有时也称现象经验）和显明行为作为研究对象，因此该流派在具体研究中除了使用整体观察法，还运用实验法。格式塔心理学运用的实验法主要是实验现象学方法。

儿童心理发展论也是格式塔心理学的重要内容。

格式塔心理学认为整体优于部分，整体不是部分的机械相加，而是具有和部分不同的质的特点。因此，考夫卡认为儿童身心的发展也遵循这个原则。例如，婴儿的动作，最初是整体反应，以后才逐步分化。又如思维不是由感知觉元素拼凑起来的，而是有其自己的本质的。

考夫卡认为身体的发展和心理的发展是同时展开的，有生长发展和学习发展。他认为儿童的身心发展不仅仅受先天因素的影响，还受环境的影响，且是先天和环境相互作用的结果。他认为儿童身心发展遵循两大格式塔原则，即儿童的身心发展顺序遵循从整体到特殊的法则，先从全身粗略性活动开始，而后到局部性精细动作。儿童的认知活动遵循由概括到精细法则，先从对事物的概括认识开始再到学习内容的细节。

**库尔特·考夫卡知觉研究**

考夫卡对知觉研究做了一般性评述，他指出格式塔学说不只是一种知觉的学说，甚至不是一种心理学理论。但是它却起源于对知觉的研究，而且在进行的实验工作中，比较成功的部分就是对知觉进行研究所提供的。

他认为知觉经验有一种在任何部分中都找不到的整体性。知觉不能由感觉元素的集合或者仅仅是各部分的总和来解释。知觉本身就显示出一种整体性，一种形式，一个格式塔。考夫卡认为，这种整体性不仅在人类身上得到了证实，而且在动物实验中也得到了证实。

考夫卡强调记忆中的组织因素，强调记忆是一个记忆痕迹内容不断变化的动力过程，而遗忘是类似记忆痕迹之间相互干扰的结果，而且记忆痕迹内容的动力变化也会使个体产生遗忘。考夫卡认为自我的动机、态度及意向等都代表自我的一种心理需求，这是产生心理活动和行为表现的动力，记忆作为一种心理活动自然也会受到它们的影响，这是在强调记忆中的动机性因素。

考夫卡认为在记忆中个体知觉到材料后，对材料进行组织加工，个体对材料内在关系及其结构的认识和理解会影响到对材料的记忆效果。识记后的材料在大脑神经内会留下知觉物体的痕迹，即记忆痕迹。记忆痕迹并不是分散的孤立的要素，也不是静态的、一成不变的，而是一个不断变化、发展的有组织的系统，这个系统会不断影响个体对客观世界的认识和理解。

考夫卡指出人格是心理学中最大的领域之一。如果不涉及人格现象，那么心理学便是不完整的。格式塔心理学家认为人格是一种格式塔。他在论述心物场和记忆理论时指出，心物场含有自我和环境两部分，两者各有自己的结构。其中自我不是一个点、一个总和或欲望本能的集合。他认为人格这个概念或可用以说明自我的意义。自我包括需要、准需要、意向、意志决心和态度等，场不断在自我的影响下转变，对记忆等也有很大的影响。自我和环境之间的动力交流在很大程度上依赖于自我本身的性质。

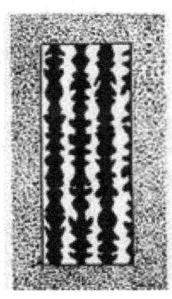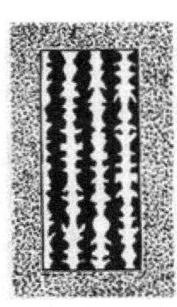

考夫卡作为格式塔心理学这个小组中的"销售者"，对于宣传格式塔心理学发挥了很大的作用，特别是他的《格式塔心理学原理》几乎包括了格式塔心理学的全部要义，并且常以韦德海默和柯勒的许多实验为例证。考夫卡虽然在演讲台上表现不尽如人意，可是在写作方面却挥洒自如，并且把韦德海默未整理的实验及其思想糅合于其中，使得格式塔心理学的思想更加饱满。

在考夫卡记忆研究中，认知心理学家所做的一些实验研究及观点与格式塔心理学家的观点极为类似，甚至有些观点是在格式塔心理学研究的基础上进行的深化和拓展，比如认知心理学对场合的强调，可以说是格式塔心理学重视情境作用的进一步细化。

波林在他权威性的心理学史中评价考夫卡——看起来好像是这样的，正统学说沿着感官分析这条笔直和狭窄的通道已经走入了迷途。而正是敞开的大门和宽广的现象学大道通向了人生。尽管考夫卡等格式塔心理学家并不是第一批也不是唯一做出这个发现的人，然而，是他们以如此令人信服的形式做出这个发现，它已经被纳入科学心理学的结构之中了。

# 勒　温

| 提示语：拓扑心理学、实验社会心理学、格式塔心理学的后期代表，传播学的奠基人。

库尔特·勒温（1890年9月9日—1947年2月12日），德裔美国心理学家，拓扑心理学的创始人，实验社会心理学的先驱，格式塔心理学的后期代表人物，传播学的奠基人之一。他是现代社会心理学、组织心理学和应用心理学的创始人，常被称为"社会心理学之父"。主要著述有：《拓扑心理学原理》《心理的力的表述和测量》《解放社会冲突》《形势心理学原理》《社会科学中的场论》等。

1890年勒温生于德国普鲁士的波森省莫吉尔诺乡村（今在波兰）的一个中产阶级犹太家庭。兄弟姐妹四人，他排行第二。

父亲拥有并经营一家百货店。1905年,全家迁往柏林,他在柏林上完小学、中学,计划到弗赖堡大学学医,但很快他放弃了这种想法而进入慕尼黑大学。在慕尼黑大学上了一学期后,于1910年开始攻读心理学哲学博士学位,成为C. 斯图姆夫的关门弟子,当时格式塔心理学派的三位创始人M. 韦特海默、K. 考夫卡和W. 柯勒也都是斯图姆夫的学生。在柏林大学期间,除学习心理学外,他也学习数学和物理学,完成了许多关于联想和动机的重要研究,并开始创建他的场论。

勒温在1914年完成了博士生必修课,此时第一次世界大战爆发,因此直到1916年他才获得博士学位。大战期间他作为志愿兵在德国陆军服役4年,任陆军中尉,曾因受伤而获铁十字勋章。1917年,他和教师玛利亚结婚,他们有两个孩子,这场婚姻维持了10年。在1917年受伤疗养期间,勒温发表了《战争形式》一文,文中初步提出场论的概念。战争结束后,他回柏林大学在心理研究所做教员和研究助教。他是一个善于激发学生兴趣的教员,吸引很多学生到他班上来学习,并在他指导下做研究工作。

1921年勒温成为柏林大学心理学研究所的研究人员，次年任讲师，1927年晋升为教授，在此期间他与格式塔心理学派建立联系，并成为该学派的积极倡导者。1929年他参加了在美国耶鲁举行的国际心理学家会议，同年他和盖特尔德结婚，婚后育有两个孩子。1932年应 E. 波林之邀赴美任斯坦福大学访问教授6个月，任期结束后，为逃避纳粹执政后对犹太人的迫害，于1933年从德国到美国定居，在康奈尔大学任教两年，之后他被任命为爱荷华大学儿童福利所心理学教授，指导了一系列关于儿童实验社会心理学的研究。1940年勒温成为美国公民。勒温在社会心理学中努力研究取得了优良成果，1944年他受聘到麻省理工学院任教，并担任由他创办的群体动力学研究中心主任。同时，他还是美国犹太人协会的社会关系委员会主任，该协会主要从事社会问题研究。

1947年2月12日，勒温因心脏衰竭于马萨诸塞州纽顿维尔突然逝世，终年56岁。

勒温的学说内容丰富。

1. 团体动力学说

勒温把其早期研究个体行为的心理动力场或生活空间学说应

用于研究社会问题，它以研究团体生活动力为目的，主要研究团体的气氛、团体内成员间的关系、团体的领导作风等。团体动力学把群体研究与实证的实验方法结合起来，这对后来的社会心理学的发展做出了很大的贡献。

勒温认为团体是一个动力整体，这个整体并不等于各部分之和，整体中任何一个部分的改变都必将导致整体内其他部分发生变化，并最终影响到整体的性质。团体不是由一些具有共同特质或相似特质的成员构成，特质相似和目标相同并不是团体存在的先决条件。团体的本质在于各成员间的相互依赖，这种相互间的依赖关系决定团体的特性。勒温认为团体和个体一样都是真实的，而非神秘的，因此，勒温就直接把研究个体心理学的方法搬了过来，认为生活空间的概念也一定适用于对团体的研究。勒温指出，个体和他的情境构成了心理场，与此相同，团体和团体的情境就构成了社会场；个体行为主要由其生活空间内各区域间的相互关系决定，团体的行为也主要由团体的社会场中各区域的相互关系所决定。任何一个团体都面临着内聚和分裂对抗的压力，分裂的压力主要来源于团体内各成员间交往的障碍或团体内每个个体的目标和团体目标间的冲突；内聚力则是团体内抵抗分裂的力量，它的强度依赖于个体求得成员资格的动力强度。分裂和内聚是团体中时刻进行斗争的一对矛盾，一个良好的有生命力的团体必须要有较强的内聚性才能防止团体的分裂。勒温及其学生研究了怎样培养一个团体的内聚性的问题。

勒温的学生贝克设计了一个让被试者成对地合作完成一套图画的实验，通过这个实验贝克得出结论，团体的内聚性是由以下三种基础形成的：一是个体由于对其他团体成员的喜爱而喜爱团体；二是由于团体成员资格能赋予成员以一定声望而使团体成员喜爱团体；三是由于团体是达到个人目标的手段而使团体成员喜爱团体。同时贝克还发现，不论团体内成员间相互吸引的原因如何，越是密切结合的对象越能够意见一致，越是密切结合的对象也越受团体讨论的影响。

勒温等研究者关于"专制气氛"和"民主气氛"的实验表明，团体的内聚性也受领导者工作作风的影响。一般而论，民主的小组更富有成果，内聚性较强，小组内成员对待领导的态度也较好，小组成员间的分歧干扰更少，民主小组在活动的创造性上也相对较高。与民主小组相比，专制小组在活动中不是更放肆就是更漠然，但漠然的小组当小组领导不在时却爆发出更放肆的行为。当实验中故意对各小组展开攻击时，专制小组显得士气低落，并有分崩离析的倾向，而民主小组则比受攻击前团结得更紧密。另外，在这个实验中，勒温等还发现一个奇怪且令人迷惑的现象，即孩子从民主气氛过渡到专制气氛要比从专制气氛过渡到民主气氛更容易。

勒温和他的同事、学生所做的另外一些实验也表明，团体成员对团体活动的兴趣、团体内成员的交往频率、各成员的遵从行为等也都能影响一个团体的内聚力。

勒温还对团体其成员行为改变的影响做了系统研究。在研究中他发现，团体做出的决定比单独做出的决定对团体中的个人有更持久的影响。勒温根据实验得出结论：无论是训练领导，还是改变饮食习惯，如果首先使个体所属的社会团体发生相应的变化，然后通过团体来改变个体的行为，这样做的效果远比直接去改变一个个具体的个体更好。反过来，只要团体的价值不发生变化，个体就会更强烈地抵制外来的变化，个体的行为就不容易发生变化。这实际上就是格式塔整体比部分更重要的思想的具体体现。

勒温在这种实验研究的启发下，开始把这种方法广泛运用于社会各方面的改造上。他提出了改变社会的三个阶段：第一阶段称为"解冻"，即尽可能减少或消除与团体过去标准的关联；第二阶段引进或制订一个新标准并且将它固化;第三阶段是"再冻结",这是建立在新标准之上的一种重新建构。在所有的这三个阶段中,个体都要参与团体的决定,这样做较单向每一个个体提出改变要求要好得多。

2. 动力场理论

勒温对科学发展的基本结构做了分析,并以此作为自己心理学理论的基础。勒温认为科学已经经历了三个发展的时代,他分别把这三个时代命名为思辨的时代、描述的时代和建设的时代。根据这种分类,勒温认为构造主义心理学属于一种描述性科学,纯粹是由现象的逻辑顺序维系在一起的,它对解决社会生活问题基本没有什么作用。反之,勒温认为心理学必须成为伽利略式的科学。因此,勒温在其理论中比较追求心理学的定律(主要是在一般情境中概括得到的),并根据这些定律来对个体所处特殊情境中的行为做出有效的推论和预测,勒温的心理学理论正是基于这一思想提出的。

3. 心理环境

和其他格式塔心理学家一样,勒温也把行为作为心理学的研究对象,他提出的行为公式是 $B=f(P, E)$,在这个公式里,B代表行为,f是指函数关系(也可以称为一项定律),P是指具体的一个人,E是指全部的对心理场的解释环境。用文字来解释这个公式的话,就是说行为是随着人与环境这两个因素的变化而变化,即不同的人对同一环境条件会产生不同的行为,同一个人对不同的环境条件会产生不同的行为,甚至同一个人,如果情境条件发生了改变,对同一个环境也会产生不同的行为,勒温的这种描述显然比较符合客观实际状况。为了更确切地具体分析一个人在特定情境中的行为,勒温提出了心理环境这一概念,心理环境也就是实际影响一个人发生某一行为的心理事实(有时也称事件)。这些事实主要由三个部分组成:一是准物理事实,即一个人在行为时,对他当时行为能产生影响的自然环境;二是准社会事实,即一个人在行为时,对他当时行为能产生影响的社会环境;三是准概念事实,即一个人在行为时他当时思想上的某事物的概念,这一概念有可能与客观现实中事物的真正概念之间存在差异。在这里勒温提出了所谓的"准事实",他是想借用这个概念来说明影响人的行为的事实并非客观存在的全部事实,而是指在一定时间、一定情境中实实在在具体影响一个人行为的那一部分事实。这一部分事实有时候可能与客观存在的事实相吻合,有时候也可能不吻合。勒温的这一思想实际上反映了他的整体论的观点。

4. 心理动力场学说

心理场是勒温心理学体系中的一个最重要的概念,同时也是其理论的核心。场这个概念是勒温从物理学中借用过来的,勒温认为心理场就是由一个人的生活事件经验和未来的思想愿望所构成的一个总和,也就是说,心理场包括一个人已有生活的全部和对将来生活的预期。勒温又认为,每一个人心理场的昨天、今天和明天这三个组成部分都不是恒定不变的,它们会随着个体年龄的增长和经验的累积在数量上和类型上不断丰富和扩展。同时每个人心理场的扩展和丰富在速度和范围上又有其差异性,但总的来说一个人的生活阅历越丰富,他的心理场的范围就越大,层次也越多。从勒温对心理场的这些分析来看,心理场这个概念有点类似我们平常所说的认知结构。不过在勒温的心理学中,勒温主要借助心理场来研究一个人的需要、紧张、意志等心理动力要素,因此,勒温的心理场又称为心理动力场。为了更好地说明心理动力场,勒温提出了一个新的概念——心理生活空间(lifespace),简称生活空间。生活空间实际上就是心理动力场和拓扑学、向量学相结合的另一种心理学的表现方式,$B=f(P,E)$这一公式就代表了一个人的生活空间。按照勒温的说法,生活空间可以分成若干区域，各区域之间都有边界阻隔。个体的发展总是在一定的心理生活空间中随着目标有方向地从一个区域向另一个区域移动。而个体发展的心理过程实质就是生活空间各个区域的不断丰富和分化，这些区域的丰富和分化沿着多个方面进行。勒温的生活空间其实是对心理环境和心理动力场的一个总的描绘，它后来成了勒温理论中最有影响的一个概念。

心理生活空间，又称生活空间。是指在某一时刻影响行为的各种事实的总体。包含了人及其环境。如果以 B 表示行为，P 表示人，E 表示环境，LS 表示生活空间，那么 B＝f（P，E）＝f（LS），即行为随人及其环境的变化而变化，行为随生活空间的变化而变化。生活空间中有三类事实，即准物理事实、准社会事实、准概念事实。"准"表示程度上虽然不够，但可以作为某种事物看待。相对于客观事实，被个体觉察到的那些事实可能与真实事实并不一致，因此只能被称为"准事实"。同时，生活空间可以分成若干区域，各区域之间都有边界阻隔。个体的发展总是在一定的心理生活空间中随着目标有方向地从一个区域向另一个区域移动。

5. 行为动力学说

为了对个体的心理事件在生活空间中的移动做出具体的陈述，勒温首先对心理事件移动的动力做了分析。他借用拓扑学的概念来陈述心理事实在心理生活空间中的移动。但拓扑学缺乏方向的概念，勒温于是借助数学中向量分析的概念来陈述心理事实的动力关系及其方向。勒温一生中用了很大的精力致力于心理事实在生活空间中的移动及移动的动力系统的研究，这样勒温就提出了他的以需要为动力的动机体系，这一动机体系主要包括六个基本概念：需要、紧张、效价、矢量、障碍和平衡。

（1）需要。

需要主要是指个体的某种由生理条件的缺失引起的一种动机

状态，即主体对某一外界对象所产生的欲望，或达到某一目标的意向，这是心理动力源。勒温把需要分为两种：一是客观的生理需要，二是准需要，勒温的准需要是指在心理环境中对心理事件起实际影响的需要，也就是个体所具有的一种心理需要。在勒温心理学中提到的需要一般是指第二种需要，即准需要，他认为这些准需要对人的行为起着实际的影响。

（2）紧张。

紧张是伴随需要而产生的一种情绪状态，也称内部张力。勒温认为需要的内驱力不是联结作用而是一种内部张力状态，当人产生某种需要时，就会产生一种紧张的心理系统，这时人的心理就会失去平衡，只有消除这种紧张或至少是减弱这种紧张的情境，个体才能重新恢复平衡。

（3）效价。

效价原是化学的一个名词，勒温在这里用它来表示个体对一个对象喜爱或厌恶的程度，对象如果能满足个体的需要或对个体有吸引力，那么这个对象就具有正效价；反之，对象如果对个体有威胁或惹人生厌则这个对象就具有负效价。在这里我们必须认识到，对象并非真的具有化学概念中说的那种"价"的意义，勒温所谓的效价，其实是指人在一定的情境中对对象产生的一种主观情绪体验。

（4）矢量。

矢量在数学上原指一条有向直线，勒温利用这一概念来表示对象吸引力的方向或强度。也就是说，矢量（有时也称向量）指人与一定的对象间所产生的有方向的吸引力或排斥力，吸引力会使人趋向目标，排斥力会使人背离目标。这些冲突主要分为三种类型：第一种冲突类型是双趋冲突。这种冲突存在于一个人面临两个具有差不多同等吸引力的正效价对象之间，他必须就其中的某一个对象做出选择。但这种情况并不会维持很久，当这个人在一些因素的影响下开始向其中的一个目标移动时,这时较近的那个目标就开始增强它的吸引力,而远离的那个目标的吸引力就开始减弱,这就出现了心理学上的目标梯度效应。即当目标越来越接近时,目标的激励作用和吸引力也会越来越大。第二种冲突类型是双避冲突。这种冲突是指一个人面临两项都想逃避的对象时,他必须就其中的一项做出自己的选择,也就是我们生活中常说的左右为难的情境。当一个人面临这种情境时,一般是在两害之中取相对较轻的一项。第三种冲突类型是趋避冲突。这种冲突形式和上两种冲突形式有所不同,它是指一个人对同一个对象又趋又避,也就是我们生活中的所谓又爱又恨。在这一种情境中正效价和负效价是平衡的,如果你向正效价一方移动时,那负效价的一方就会产生相等的排斥,因此这种情境中矢量运动的可能性最小,所以生活中许多人戒烟经常是半途而废。

(5) 障碍。

勒温认为障碍可能是物、人、社会制度、法律等,也就是说凡是任何阻碍个体去达到预定目标的事物都称为障碍。当个体接近障碍时,障碍便具有了负效价的性质。障碍能引起人的探索行为,人在探索过程中通常是绕过障碍而达到目标,当绕不过时人就会对障碍发起攻击,通过消除障碍来达到目标。

(6) 平衡。

相对于不平衡而言,平衡是"一种贯穿个人全身的程度不同的紧张状态",是唤起人需要的一个前提条件。在生活中,人的一切动机行为的最终目的都是回到平衡状态,从而使人的紧张状态得到消除。但这种平衡只是暂时的,人就是在这种平衡—不平衡—平衡的过程中不断得到发展。

# 让·皮亚杰

| 提示语： 瑞士著名儿童心理学家。

让·皮亚杰（1896年8月9日—1980年9月16日），瑞士人，近代著名儿童心理学家。一生留给后人60多本专著、500多篇论文，他获得几十个名誉博士、荣誉教授和荣誉科学院士称号。获美国心理学会"卓著科学贡献奖"，国际心理学会"爱德华·李·桑代克"奖，荷兰"伊拉斯姆士"奖。

让·皮亚杰的主要著作有：《儿童的语言和思想》《儿童的判断和推理》《儿童关于世界的概念》《儿童的物理因果概念》《儿童的世界表象》《儿童的道德判断》《儿童智慧的起源》《儿童符号的形成》《智慧心理学》《从儿童到青年逻辑思维的发展》《儿

童逻辑思维的早期形成》《发生认识论原理》《建构主义》。

让·皮亚杰 1896 年 8 月 9 日出生于瑞士的纳沙特尔。皮亚杰的父亲亚瑟·皮亚杰是纳沙特尔大学的一位教授，主要研究中世纪历史与文学。由于皮亚杰的父亲所学的是人文领域，因此他十分重视皮亚杰的科学观念培养。皮亚杰的母亲丽贝卡·杰克逊则是一位虔诚的宗教徒，她坚持让皮亚杰接受严格的宗教训练，并且为皮亚杰选择了一位对哲学颇有研究的教父。这样的家庭背景使得皮亚杰有机会接触与思考有关的哲学和科学的知识，进而形成一套属于皮亚杰自己独到的思想与见解。由于父亲的教导，皮亚杰重视以科学的系统性来求解新知。

1907 年，10 岁的皮亚杰在公园发现一只患有白化症的小麻雀，随即写了一篇关于白化症麻雀的文章，并寄给纳沙特尔自然科学史杂志《冷杉树》，他的文章被刊登出来。文中皮亚杰细致的观察与详细的分析，让他得到了与纳沙特尔自然博物馆的馆长一同搜集标本，并共同参与软体动物研究的机会。随后，皮亚杰发表了一系列和软体动物有关的论文，并对王统门德尔的进化论提出了质疑。这些富有挑战性的文字，在欧洲动物学界引起了很大反响。

中学时期，皮亚杰经常跟随他的教父外出度假，皮亚杰在这位教父的启发下产生了对认识论的浓厚兴趣。1915年，19岁的皮亚杰获得生物学学士学位。随后，他继续攻读生物学博士学位，并同时攻读哲学博士学位。在纳沙特尔大学读书期间，皮亚杰对哲学、生理心理学和逻辑学充满兴趣，他认为生物学和哲学的融合是通向认识论的捷径，进而对儿童思维的产生与发展的研究产生兴趣开始转向心理学。1918年，他获得生物学和哲学双博士学位；同年去苏黎世在烈勃斯和雷舒纳的心理实验室工作，并在布鲁勒精神病诊疗所学习精神分析学说。1919年皮亚杰到巴黎大学学习病理心理学，并学习科学的逻辑学和哲学。1921年皮亚杰获得法国国家科学博士学位，继而在巴黎给智力测验学者塞西蒙做助手，在一所小学的比纳实验室研究儿童心理，受西蒙委托应用勃德的推理测验巴黎儿童，并进行标准化。1921年皮亚杰受日内瓦大学克拉巴莱德的邀请，任日内瓦大学卢梭学院研究主任，从此开始创立自己的"发生认识论"体系。在此期间，皮亚杰和瓦朗蒂纳·夏特内结婚。1925—1929年，皮亚杰在纳沙特尔大学任心理学、社会学和哲学教授。随着他的两个女儿和儿子的出生，在妻子的协助下，皮亚杰花费大量的时间观察儿童动作并进行各种实验。他对自己三个孩子的研究，为他创立儿童心理发展理论提供了重要基础。

1932年，皮亚杰陆续发表了《儿童的语言和思维》《儿童的判断和推理》《儿童的世界概念》等论述儿童心理的专著。这些著作使他蜚声海内外，成为国际著名的儿童心理学权威。同时，皮亚杰在1929—1939年的十年间，坚持研究数学、物理和生物学中主要概念的形成和历史，并在卢梭学院以较大规模从事儿童的动作和思维活动的研究，进行了一系列的实验。1937年皮亚杰在巴黎举行的国际心理学会议上发表了关于儿童的具体运算和运算的整体结构的论文。1939—1945年间，皮亚杰主要从事两方面研究：儿童到成年期的知觉发展和儿童的时间、运动和速度概念以及与这些概念有关的行为发展。

皮亚杰退休后，回到瑞士的山上静养。但是皮亚杰并没有因为退休而放弃研究工作，他终其一生致力发展"发生认识论"。

皮亚杰的认知发展理论摆脱了遗传和环境的争论和纠葛，旗帜鲜明地提出内因和外因相互作用的发展观，即心理发展是主体与客体相互作用的结果。皮亚杰认为智力是一种适应形式具有动力性的特点，随着环境和有机体自身的变化，智力的结构和功能必然不断变化，以适应变化的条件。

在皮亚杰的理论中，格式既可被看成是有机体认知结构中的一个子结构，又可被看成是认知结构中的一个元素。认知结构就是协调了的格式的整体形式。他将生物学同化这一概念应用于心理学中，意指人们把感觉到的新鲜刺激融于原有的格式中，从而达到对事物的理解。同化是个体认识成长的机制之一。

依据皮亚杰的观点，平衡化指通过多重的去平衡与再平衡，导致从接近平衡的状态向着质上存在差异的平衡状态递进发展。而自动调节是介于同化与顺应之间的第三者，对同化与顺应进行调整以达到两者的平衡。他认为，一切知识从功能机制上说，是同化与顺应的统一；从结构机制上分析，则是主体认知结构的内化产生和外化应用的统一；而运算是组成认知结构的元素，各个运算联系在一起就组成了结构的整体。

而认知发展需要有四个条件，即成熟、实际经验、社会环境的作用和平衡化，前三者是发展的三个经典性因素，而第四个条件才是真正的原因。

皮亚杰认为，心理既不是起源于先天的成熟，也不是起源于后天的经验，而是起源于动作，即动作是认识的源泉，是主客体相互作用的中介。最早的动作是与生俱来的无条件反射。儿童一出生就以多种无条件反射反应外界的刺激，发出自己需求的信号，与周围环境相互作用。随之发展起来的各种活动与心理操作，都在儿童的心理发展中起着主体与环境相互作用的中介作用。第四个因素平衡化促进了同化与顺应之间的和谐发展，并使得成熟、实际经验和社会环境之间处于协调状态。更为重要的是，平衡的倾向作为一种过程，总是把儿童的认知水平推向更高阶段。当低层次的平衡被冲破以后，由于有了这种倾向，平衡才能在高一级的水平上得以恢复，从而导致了智力的发展，因此平衡化是最根本的因素。

他把儿童的认知发展分成四个阶段：

（1）感知运算阶段（感觉—动作期，Sensorimotor Stage，0~2岁）。这个阶段的儿童的主要认知结构是感知运动图式，儿童借助这种图式可以协调感知输入和动作反应，从而依靠动作去适应环境。通过这一阶段，儿童从一个仅仅具有反射行为的个体逐渐发展成为对其日常生活环境有初步了解的问题解决者。

（2）前运算阶段（前运算思维期，Preoperational Stage，2~7岁）。这个阶段的儿童将感知动作内化为表象，建立了符号功能，可凭借心理符号（主要是表象）进行思维，从而使思维有了质的飞跃。

（3）具体运算阶段（具体运算思维期，Concrete Operations Stage，7~11岁）。在本阶段内，儿童的认知结构由前运算阶段的表象图式演化为运算图式。具体运算思维的特点具有守恒性、脱自我中心性和可逆性。皮亚杰认为，该时期的心理操作着眼于抽象概念，属于运算性（逻辑性）的，但思维活动需要具体内容的支持。

（4）形式运算阶段（形式运算思维期，Formal Operational Stage，从11岁开始一直发展）。这个时期，儿童思维发展到抽象逻辑推理水平。其思维形式摆脱思维内容，形式运算阶段的儿童能够摆脱现实的影响，关注假设的命题，可以对假设命题做出逻辑的和富有创造性的反映。同时儿童可以进行假设—演绎推理。

皮亚杰对心理学最重要的贡献，是把弗洛伊德那种随意、缺乏系统性的临床观察，变得更为科学化和系统化，促进了科学认识论的丰富与深化，推动了儿童心理学的发展，引导了认识论的发展方向。

## 维果茨基

| 提示语： 心理学家，"心理学中的莫扎特"。

维果茨基（1896年11月17日—1934年6月11日）是苏联卓越的心理学家，他主要研究儿童发展与教育心理，着重探讨思维与语言、儿童学习与发展的关系问题。由于他在心理学领域做出的重要贡献而被誉为"心理学中的莫扎特"。他创立的文化历史理论不仅对苏联，而且对西方心理学产生了广泛的影响。

维果茨基1896年出生于白俄罗斯一个叫奥沙的小镇，1913年维果茨基完成了大学预科学习，以优异的成绩赢得一枚金质奖章。在只有3%的犹太学生可以进入莫斯科大学的情况下，维果

茨基作为一名犹太人虽几经周折但最终还是被莫斯科大学所录取。当时维果茨基感兴趣的学科是历史与哲学,但他最终接受父母的意见选择了医学,一月之后,又转到了法学院。强烈的求知欲使维果茨基1914年决定同时在莫斯科大学和沙尼亚夫斯基人民大学就读。维果茨基在历史、哲学、心理学等方面打下了坚实的基础,同时坚持文学研究。

1917年维果茨基同时从这两所大学毕业后返回了家庭所在地戈麦尔,开始了他的教师生涯。在戈麦尔的七年里,维果茨基为不同种类的学校开设了许多课程。如为成人学校开设文学与俄语,为教学研究所开设逻辑与心理学,为艺术学校开设美学与艺术史等。

1924年,维果茨基到列宁格勒参加第二届神经心理学会议,在当时的俄罗斯这是最重要的心理学会议,这也是他首次公开面对俄罗斯心理学共同体。会上,维果茨基对在戈麦尔开展的三个研究做了详细说明,他做的报告"反射学方法论与心理学研究"给与会代表留下了深刻印象,他首次提出了条件反射和意识行为的关系,主张科学心理学不能忽视意识这样的重要事实。当时的莫斯科心理研究所所长科尔尼洛夫盛情邀请维果茨基到莫斯科心理研究所工作。维果茨基欣然接受,几周后他离开戈麦尔前往莫斯科,开始了新的职业生涯。

这一年,维果茨基写了第一本有关缺陷学的著作,同年9月,他开始在人民教育委员会工作,具体负责有生理缺陷或智力落后儿童教育部门的工作。1925年夏天,维果茨基作为代表参加在英国举办的"聋哑儿童训练和教育国际会议",同年,他在公共教育委员会的医学教育所筹办了一个异常儿童心理学实验室,1929年该所成为"实验缺陷所"即现在的"缺陷学研究所"。

他从英国返回俄罗斯后,患上了肺结核,医生建议他隔离休息。在被隔离期间维果茨基完成了《艺术心理学》的写作。1925

年秋天，他的病情不断恶化，不得不住院治疗，住院期间他完成了著名的方法论论文——《心理学危机的历史意义》，准确分析了当时的心理学状况，其基本概念至今与当代心理学依然密切相关。

1930年，维果茨基与鲁利亚合作完成了《行为历史的研究：猿、原始人、儿童》。来自不同文化的人的高级心理过程的差异引起了他的兴趣，于是在1931—1932年他设计了一次在乌兹别克斯坦开展的跨文化研究。维果茨基因为身体原因没有参加这次考察，考察由鲁利亚领导。维果茨基争分夺秒，废寝忘食，到1934年春天，他再次遭到肺结核的侵袭，但毅然拒绝了医生让他住院治疗的建议，更加忘我地投入工作。他临终前的最后一句话是："我准备好了。"

维果茨基与皮亚杰是同时期的人物。但维果茨基更强调文化、社会对儿童认知发展的影响。由于其理论中有浓厚的西方文化色彩，在1936—1956年间受到苏联政府的打压，其理论被禁止讨论。直至20世纪60年代，维果茨基的理论才受到美国心理学界的重视。他不仅被认为是20世纪俄罗斯心理学的一位关键人物，而且被选为20世纪世界范围内最有影响的100位心理学家之一。令人叹为观止的是，尽管这样一位声名显赫的心理学家38岁就英年早逝，从事心理学研究不过短短的10年时间，但是以他思想与成果的丰富性、独到性、广泛性以及其生命的短暂性而论，他创造了心理学历史上的一个奇迹，被后人盛誉为"心理学中的莫扎特"。

维果茨基的一生短暂而辉煌，奋斗不止，创造不息。

文化历史理论是维果茨基学说中的核心。

维果茨基主张，心理学应该坚持科学的、决定论的、因果性的解释原则研究高级心理机能，他反对将复杂的形式分解成简单的成分，认为这样就失去了整体的属性。他坚信马克思主义关于"人的实质由社会关系构成"论断的正确性，拒绝从大脑深处解释高级心理过程。维果茨基的文化历史理论既丰富又深刻，但是后人对它的解读歧义丛生。一方面，维果茨基的许多作品没有出版；另一方面，他本人不断修正、拓展自己的观点。他工作的开展与著作的撰写都是在与时间赛跑，因而，粗糙与欠成熟在所难免。不过我们还是可以通过其思想的发展过程把握文化历史理论的精髓。

维果茨基理论具体体现在：

1. 心理发展观

从起源上看：低级心理机能是自然的发展结果，是种系发展的产物。高级心理机能是社会历史发展的产物。相对于个体来说，高级心理机能是在人际交往活动的过程中产生和发展起来的。维果茨基指出，人的心理发展的第一条客观规律是：人所特有的受中介工具影响的心理机能不是从内部自发产生的，它们只能产生于人们的协同活动和人与人的交往之中。人的心理发展的第二条客观规律是：人所特有的新的心理过程结构最初必须在人的外部活动中形成，随后才可能转移至内部，成为人的内部心理过程的结构。据此，维果茨基阐明了儿童文化发展的一般发生法则："在儿童的发展中，所有的高级心理机能都两次登台。第一次是作为集体活动、社会活动，即作为心理间的机能；第二次是作为个体活动，作为儿童的内部思维方式，作为内部心理机能。"显然，这种从社会的、集体的、合作的活动向个体的、独立的活动形式的转换，从外部的、心理间的活动形式向内部的心理过程的转化，就其实质而言就是人的心理发展的"内化"机制。同时，这也表明内化的过程是一种转化的过程，而不是传授的过程。

2. 高级心理机能是由工具与符号中介的

维果茨基将人的心理机能区分为两种形式：低级心理机能和高级心理机能。前者具有自然的、直接的形式，后者具有社会的、间接的形式。区别人与动物最根本的东西就是工具和符号。

人所特有的高级心理机能是以社会文化的产物——符号为中介的。人类文化随人自身的发展而增长与变化，并对人的一切产生越来越大的影响，正是通过工具的使用和符号的中介，人才有可能实现从低级心理机能向高级心理机能的转化。

人生活在一个符号世界之中，我们的行为不是由对象本身决定的，而是由与对象联结在一起的符号决定的，我们赋予客体意义并按照那些意义行动。语言是人类为了组织思维而创造的一种最关键的工具，概念和知识都寓于语言之中。语言是思考与认知的工具，一个人在学习语言时，他不仅仅在学习语词，同时还在学习与这些语词相关的思想；语言可用于社会性的互动与活动，儿童可以凭借语言与他人相互作用，进行文化与思想的交流；语言是自我调节和反思的工具。语言也是通过历史而发展的。符号中介是知识建构的所有方面的关键，维果茨基认为，符号机制（包括心理工具）是社会机能和个体机能的中介，连接了内部意识和外部现实。

3. 心理发展的活动说

维果茨基依据马克思的活动观，通过对人的实践活动的深入分析后指出，人的心理是在活动中发展起来的，是在人与人之间相互交往的过程中发展起来的。维果茨基提出的"心理发展的文化历史学说"有一个重要的理论假设，即"人的心理过程的变化与他的实践活动过程的变化是同步的"。维果茨基早在20世纪20年代就注意到活动对高级心理机能形成中的重要作用，认识到意识与活动的统一性，即意识不是与世隔绝、与活动分离的内部封闭系统，活动是意识的客观表现。因而，可以通过活动对意识进行客观研究，把意识的内容加以物化，转换成客观的语言，转换成客观存在的东西。由此，维果茨基明确区分了"意识"与"心理"，这是两个本质上不同的概念。"心理"概念适用于动物也适用于人，是人与动物共有的反映形式，而意识则是人所特有的最高级的反映形式。

维果茨基提出活动与意识统一的心理学原则，强调意识从来都是某种整体，是一个完整的系统结构，坚持将意识看作是由理智与激情、认知与情绪—意志这两个不可分割的部分构成的统一的、动态的意义系统。他明确指出，意识与高级心理机能之间的关系是整体与部分之间的关系。这意味着，各种心理机能是相互联系、相互影响、相互制约的，心理的发展不仅表现为各种心理机能的变化，而且更重要地表现为它们之间的联系与相互关系的变化。这一切正是人的意识特有的，它们决定了意识的系统结构性。

4. 最近发展区概念

最近发展区概念是维果茨基在1931—1932年将总的发生学规律应用于儿童的学习与发展问题时提出来的。维果茨基将最近发展区定义为"实际的发展水平与潜在的发展水平之间的差距。前者由儿童独立解决问题的能力而定，后者则是指在成人的指导下或是与能力较强的同伴合作时，儿童能够解决问题的能力"。维果茨基将学生解决问题的能力分成了三种类别：学生能独立进行的、即使借助帮助也不能表现出来的、处于这两个极端之间的借助他人帮助可以表现出来的。维果茨基明确指出了教学与发展之间的关系，教学促进发展，教学应该走在发展的前面，"良好的教学走在发展前面并引导之"。最近发展区是社会文化理论的核心概念之一，它阐明了个体心理发展的社会起源，突出了教学的作用，教学应走在发展前面；彰显了教师的主导地位，教师是学生心理发展的促进者；明确了同伴影响与合作学习对儿童心理发展的重要意义；启发了对儿童学习潜能的动态评估的方法。

维果茨基不仅是一位从事具体研究的心理学理论研究者，而且是一位方法论研究者。他的思想之所以到今天还具有重要影响，不仅是因为他提出了一些独具特色的理论观点，更重要的是他提出并践行了一种研究心理学的方法论，这种方法论为传统心理学的改造带来了一股清新的变革之风，对今日西方心理学的发展依然具有借鉴意义。

1. 研究人的心理发展的辩证方法

维果茨基早在青年时期就开始接触马克思主义。20世纪20年代他率先提出建立一种新心理学的方法论构想，并明确主张应当把马克思主义作为心理学研究的哲学方法论。维果茨基在运用辩证方法研究人的心理发展的过程中，并不是企图将辩证原理简单地强加于现存的心理学理论，而是力求运用辩证原理科学地调查和分析特定心理学研究中的具体问题。维果茨基在他的许多著作中反复强调辩证方法的中心地位，他认为，对方法的探寻是理解人类心理活动形式的一个最为重要的问题。维果茨基试图在更新方法论的前提下，运用辩证方法构建一种统一的科学体系，将现代心理学的一切知识统一起来。由此，维果茨基迈出了超越其同时代心理学家的关键一步。

维果茨基根据马克思主义哲学区分出方法论原则的三种层次：①作为所有科学方法论基础的马克思主义（辩证唯物主义）的总的方法论原则；②具体科学——心理学的方法论原则；③心理学特殊分支需要的独特的研究方法。作为整个科学包括心理学在内的一般方法论，主要表现为决定论原则、系统性原则、发展性原则、质量互变原则；作为心理学的具体方法论可表述为心理发展的文化历史起源理论；作为建立在文化历史理论基础之上的更为具体的方法论的形式表现为因果分析法与单元分析法。按照维果茨基的分析，只有上述这些方法论的分析层次彼此紧密地配合，方可建构心理学方法论的整个大厦。这些思想使维果茨基成为苏俄心理学方法论当之无愧的奠基者之一。

2. 发生学分析方法

维果茨基主张，要理解心理机能的任何方面都必须理解其产生的起源与历史。在处理这一问题时，维果茨基超越了发展心理学家一贯的做法，即关注儿童个体的发生与发展，他探讨了种族发生与社会文化历史。维果茨基使用了发生学的分析方法，考察人的发展的起源和历史，他认为，对发展的分析涉及四种分析水平的相互交织：第一种分析水平是种族发生分析，种族发生分析将人与其他动物区分开来，其标志是工具的使用，尤其是符号形式的心理工具；第二种分析水平是文化历史分析，关注特定文化和同一文化群体的实践在发展中所起的重要作用，不同文化环境中的人与不同历史时期的人所具有的过程是迥然不同的；第三种分析水平是个体发生分析，主要关注个体特征，如个体的生理或心理需求、年龄、气质等；第四种分析水平是微观发生学分析，关注个体与其所处环境之间真实的互动过程，同时考虑到个体、人与人之间与社会文化因素的相互作用。

3. 因果分析法和单元分析法

维果茨基在应用辩证方法建立科学心理学理论的过程中，与其同事一起进行了系统的实验研究。在实验研究领域，维果茨基采用了新的研究方法——因果发生分析法。发生分析法关注的焦点是心理现象的起源与历史，着重研究事物的发展过程，而不是发展的产物，在运动中揭示其本质。新方法的使用使研究者有可能抛弃传统的、孤立与静止的研究方法，真正对心理形成与发展的过程本身作动态的、整体的、相互联系的研究。

在运用发生分析法研究心理现象的过程中，维果茨基从"意识是统一整体"的观点出发，提出以"单元分析法"取代将复杂心理整体肢解成丧失整体固有特性的各个成分的"成分分析法"。作为分析产物的单元不同于成分，它具有整体固有的一切属性，是整体无法进一步分解的活的部分。正如保持活的有机体所固有的生命特性的活细胞是生物学分析的单元一样，心理学也应该发现自己的分析单元。维果茨基认为，用单元分析法取代成分分析法，进一步为研究者敞开了心理学理论研究的大门，指明了解决复杂心理学理论问题的研究道路。

维果茨基在心理学研究中采取正确的方法论，促进他在该领域中取得了举世瞩目的成就。他以辩证方法为指导具体解释了：语言与其他语义符号形式在人的心理发展中扮演的角色、心理发展中社会互动的作用、概念思维中词义的作用、心理发展过程中初级心理机能与高级心理机能之间的关系、学习与教学的最近发展区等一系列概念和理论问题。

维果茨基在心理学上的贡献是巨大的：

1. 创立了心理发展的文化历史理论，创建了文化历史学派

文化历史理论博大精深，其基本主张可以概括如下：人的心理活动是社会学习的结果，是文化和社会关系内化的结果；心理发展本质上是一个社会发生过程；文化是以神经心理系统的形式被内化的，形成了人的大脑的生理活动；高级神经活动是高级心理过程形成和发展的基础；高级神经活动内化了从人类的文化活动与中介符号中引申出来的社会意义；社会活动与实践活动促进了感觉运动格式的内化；高级心理机能的内化过程在本质上具有历史性；在不同的文化历史环境中，知觉、随意注意、记忆、情绪、思维、语言、问题解决、行为等具有不同的形式。

维果茨基的高级心理机能历史起源理论力图证明，人的心理发展的源泉和决定因素是人类历史过程中不断发展的文化，这对消除把心理过程理解为精神内部固有属性的唯心主义观点，克服无视动物行为与人的心理活动的本质差异的自然主义倾向起了积极作用。他最早将历史主义原则引入了心理学，指出人的高级心理机能是在低级心理机能基础上产生和发展起来的，高级心理机能是历史的产物。正如 A. A. 斯米尔诺夫所指出的："正是历史原则构成了他的全部理论的核心，维果茨基的主要功绩和他在苏联心理学发展中所做的巨大贡献，也就在于此。"

维果茨基以其渊博的学识、高深的科学素养、高尚的人格和非凡的创造力吸引了一批富有才华的青年学者集结在他的学术旗帜之下，形成了苏俄心理学历史上人数最多、影响最大的学派——社会文化历史学派。苏俄不少成就卓著的心理学家如列昂捷夫、鲁利亚、达维多夫、赞科夫等都是这个学派的重要成员。他们各自从不同的角度研究了高级心理机能的社会历史发生问题，如列昂捷夫提出的活动理论、鲁利亚创立的神经心理学、加里培林提出的智力形成的阶段理论、埃利康宁与赞科夫等人进行的"教学与发展"的理论与实验研究等都对苏俄心理学产生了深远的影响。

2. 倡导辩证唯物主义心理学的方法论

维果茨基不仅是一位卓越的心理学理论家与实验者，还是一位出色的心理学方法论者。这就是说，维果茨基不仅致力于解决心理学发展中出现的具体问题，而且更为关注对心理学具有重大意义的哲学方法论问题，并将后者视为未来心理科学大厦的基石。维果茨基大力倡导唯物辩证法，使心理学家在传统方法之外找到了另一条研究人类心理的有效途径。辩证方法的引用使心理学研究方法呈多元化态势，为心理学家揭示人类心理的奥秘提供了新的视角。

3. 影响了现代心理科学的发展

维果茨基提出的众多概念和理论丰富了现代心理学的理论宝库，其理论研究涉及心理学的众多领域，如普通心理学、教育心理学、心理语言学、儿童心理学、神经心理学等，维果茨基以其大胆独特的思想影响并促进了上述各领域的研究，推动了现代心理学的发展。尤其是20世纪70年代末，以布鲁纳为首的美国教育心理学家将维果茨基的思想介绍到美国后，直接影响了建构主义领域中一个重要学术流派——社会建构主义的兴起，从而引发了当代教育心理学中的一场革命。

# 罗杰斯

| 提示语: 人本主义心理学之父。

卡尔·兰塞姆·罗杰斯(1902年1月8日—1987年2月4日),美国心理学家,人本主义心理学的理论家和发起者、心理治疗家,被心理学史学家誉为"人本主义心理学之父"。罗杰斯1947年当选为美国心理学会主席,1956年获美国心理学会颁发的杰出科学贡献奖。他是20世纪最卓越、最有影响的美国心理学家之一。罗杰斯一生著述甚丰,出版了16本专著,发表了200余篇文章,其中最主要的著作有:《问题儿童的临床医疗》《以患者为中心的疗法》《心理治疗和人格转变》《学习的自由》《择偶:婚姻及其选择》《卡尔·罗杰斯论个人力量》《一种存在的方式》《80年代学习的自由》。

## 第一部分　外国心理学家的故事

1902年1月8日，罗杰斯出生在美国芝加哥附近的奥克帕克。他的父亲是一名土木工程师。罗杰斯兄妹六人，他排行老四。罗杰斯从小生活在一个宗教氛围浓厚的家庭，父母笃信基督教新教，恪守道德。

罗杰斯小的时候就非常聪明，上幼儿园之前就能很好地阅读。他在严厉的宗教环境下长大。

他12岁时，全家迁往芝加哥西部农村。罗杰斯喜欢农场生活，到了高小阶段，他对农业科学产生了兴趣。

罗杰斯17岁时考入威斯康星大学攻读农学，但他具有强烈的宗教倾向，大学二年级时转攻历史，以便将来从事基督教的研究和牧师职业。1922年被选为美国十所大学学生代表之一，到中国北京参加世界百年基督教联盟大会，从那时起他开始怀疑自己的宗教信仰。在参加了一个"为什么我做牧师"的研讨会后，他改变了自己的职业方向。1924年罗杰斯大学毕业之后，考入纽约联合神学院，在那里他开始接触临床工作，发现咨询比牧师工作更符合他的兴趣。1925年，罗杰斯进入哥伦比亚大学师范学院选修心理学，对他影响最大的是临床心理学与儿童问题有关的课程。1926年罗杰斯转入哥伦比亚大学修临床心理学与教育心理学，1928年获得硕士学位，同年他受聘于纽约州罗切斯特防止虐待儿童协会的儿童社会问题研究部，两年后任主任。1931年罗杰斯获得博士学位，学位论文主题为儿童人格适应的测量问题。

1928—1939年罗杰斯在防止虐待儿童协会工作的12年里，主要从事儿童的心理学服务，包括犯罪儿童的诊断和治疗。1939—1940年罗杰斯担任纽约罗切斯特市防止虐待儿童协会的儿童研究室主任。1935—1940年，罗杰斯在罗切斯特市大学授课和著书，基于自己在问题儿童方面工作的经验，他编写了《问题儿童的临床治疗》。1940—1945年，罗杰斯成为俄亥俄州立大学临床心理学教授，在那里他编撰了第二本书——《咨询与心理治疗》。

1945—1957年，罗杰斯任芝加哥大学的心理学教授，并建立了心理咨询中心。在他任职时期，确立了咨询中心的工作理念，并进行相关的研究去验证方法的有效性。

在威斯康星大学教授心理学期间（1957—1963年），他撰写了他最畅销的一本书——《论人的成长》。之后，罗杰斯先后担任美国艺术与科学研究院研究员、斯坦福大学西部行为科学研究所（WBSl）常务研究员、人的研究中心（CSP）常务研究员，负责人本主义人际关系研究、提供训练会心团体指导者的教学计划。

丰富的实践经验和理论修养，成就了罗杰斯的学术。

罗杰斯人格理论的核心是自我理论，这是他的心理治疗理论和人本主义教育理论的基础。罗杰斯认为，个体是完整的有机体的存在，是一切体验的发源地，且在自我实现倾向驱使下成长与发展，其结果就是"自我""自我概念"的发展、扩充及实现。

"自我概念"和"经验"是罗杰斯人格理论中的两个重要概念。自我包括个体对自身机体的整个知觉、体验到的其他所有知觉，体验到的这些知觉与所处环境中的其他知觉以及整个外部世界发生关系的方式，即个体对个人的特性、人际关系及其价值规范的知觉。人格由"经验"和"自我概念"构成，当自我概念与知觉的、内藏的经验呈现协调一致的状态时，他便是整合的、真实而适应的人，反之他就会经历或体验到人格的不协调状态。自我概念有两种：一种是真实的自我，是较符合现实的自我形象；另一种是理想的自我，是一个人期望实现的自我形象。这两种自我是否和谐与趋近，直接影响心理健康的质量。

罗杰斯认为，自我概念是在个体与环境相互作用的过程中形成的。儿童出生以后，随着身心的成长，由最初的物我不分、主客不分，到逐渐把自我与环境区分开来，并在语言的帮助下进一步分清了主我（I）和客我（me）。

罗杰斯用"无条件积极关注"解释自我发展的机制。所谓无条件积极关注是一种没有价值条件的积极关注体验，即使自我行为不够理想时，他仍觉得自己受到父母或他人真正的尊重、理解和关怀。罗杰斯认为，在自我发展过程中，最基本的必需品是在婴幼儿时期得到无条件积极关注。当母亲给予婴幼儿以慈爱和热爱而较少注意他们的行为时，这种满足也就实现了。在一切情况下，他们都感觉到自己的价值，而且也就没有了防御行为的需要，在自我和现实知觉之间便不会有不一致。因此，这种人在自我实现的道路上，会无拘束地发掘一切潜能，达到最终指向的目标，成为一个人格健康的人。后来，罗杰斯把这一原理应用于心理治疗，提出治疗者对来访者的态度也应该是无条件的积极关注，这样才有利于来访者克服障碍，解决存在的问题。

在其人格理论中，罗杰斯提出了"机能健全的人"的概念，意指那些获得无条件积极关注的人。这样的人有这样一些特征：①经验的开放性。对一切经验采取开放态度，个体毫无拘束地体验所有的情感和经验，他们不封闭自我。②存在主义的生活方式。对生活有新鲜感，生活于存在的每一瞬间。信任自己的机体。健康的人格犹如一切资料都程序化了的计算机，并不徒劳地思虑面临的每一件事情。但是他们考虑问题是全面的，并且能对行动迅速做出决定。③富有自由感。机能健全的人是"意志自由"的人，他们的决定都是出自个人的意愿，而不是受外部的强制或内部的压抑。他们能享受到生活的个人权利感，相信未来是自己决定的。④高度创造力。这种人富有创造和创新能力，而不是遵循或者消极适应社会和文化传统。

罗杰斯提出的"以人为中心的治疗"代表人本主义心理治疗的主要趋向。即如果给来访者提供一种最佳的心理环境或心理氛围,他们就会尽其所能,最大限度地去进行自我理解,改变他们对自我的看法,产生自我指导行为,并最终达到心理健康的水平。

罗杰斯认为,治疗者应放弃其权威性,相信来访者具备自我矫正的能力。同时,治疗者也要相信来访者对达到一个什么样的目标,有一个基本的了解。当然,来访者既需要来自别人的,也需要来自自己的尊重。治疗者的任务在于创设一种温暖、友好、可以令人接受的气氛,以便使来访者享受到被尊重的体验。是来访者,而不是治疗者决定了治疗和咨询过程的进行。在治疗的过程中,治疗者应该对来访者有"无条件的积极关注",包括对来访者的信任、接纳、倾听、期望和支持。在治疗者的引导下,随着时间的延续,来访者对自己的心理状况就会有更多的了解,并发展出解决问题的方式。所以,整个过程都着眼于"此时此地",而不是像精神分析者那样关注来访者"过去"的经历。

罗杰斯把他的治疗观视为一种人生哲学,而不是对"变态的治疗",因此"以人为中心治疗"的治疗和咨询需要一个良好的医患关系。他认为治疗的关键不是技术,而是治疗者的态度,以及气氛的创造和治疗关系的建立。治疗者并非专家,并不比来访者更了解他们自己的问题。他还勾勒了治疗过程需要的步骤,其中强调了来访者与治疗者之间信息与情感沟通,两者在治疗过程中需要发挥最大限度的主观能动性。

罗杰斯把其"以人为中心的治疗"理论扩展到了心理治疗领域之外,形成了"以学生为中心"的教育观。他认为,学生的学习是一种经验学习,它以学生经验的生长为中心,以学生的自发性与主动性为学习动机。因此,教育的目标是促进学生变化和使学生学会学习,培养学生成为能够适应变化和知道如何学习的、有独特人格特征而又充分发挥作用的"自由人"。罗杰斯强调,在达到这一目标的过程中,教师要贯彻"非指导性"教学的理论与策略,即教师要尊重学生、珍视学生,在感情和思想上与学生产生共鸣;应像治疗者对来访者一样对学生产生同情式理解,从学生的内心深处了解学生的反应,敏感地意识到学生对教育与学习的看法;要信任学生,并同时让学生感受到信任。这样才会取得理想的教育效果。

# 马斯洛

| 提示语： 人本主义心理学家、马斯洛需求层次理论创立者。

亚伯拉罕·马斯洛（1908年4月1日—1970年6月8日），美国著名社会心理学家，第三代心理学的开创者，提出了融合精神分析心理学和行为主义心理学和美学思想的人本主义心理学。其代表作品有《动机和人格》《存在心理学探索》《人性能达到的境界》等。

马斯洛1908出生在美国纽约市布鲁克林区的一个犹太家庭，父母是从俄国移民到美国的犹太人，他是家中七个孩子的老大，父亲酗酒，并对孩子们的要求十分苛刻，母亲极度迷信，而且性格冷漠残酷暴躁，马斯洛曾带两只小猫回家，两只小猫被母亲当着他的面活活打死。马斯洛童年生活不幸福，从未得到过母亲的

关爱。母亲去世时，他拒绝参加葬礼。他童年时体验了太多的孤独和痛苦。不仅如此，作为犹太人，他们住在一个非犹太人的街区，上学后又是学校中少有的几个犹太人之一，这一切使马斯洛成为一个害羞、敏感并且神经质的孩子，为了寻求安慰，他把书籍当成避难所。后来回忆童年时，马斯洛说道："我十分孤独不幸。我是在图书馆的书籍中长大的，几乎没有任何朋友。"上学后，马斯洛由于天赋极高，他的学习成绩十分优异，这种悲惨状况才有所改变。

马斯洛从五岁起就是一个读书迷，他经常到街区图书馆浏览书籍，当他在低年级学习美国历史时，托马斯·杰斐逊和亚伯拉罕·林肯就成了他心中的英雄。几十年以后，当他开始发展自我实现理论时，这些人则成了他研究自我实现者的基本范例。青少年时期他曾因体弱貌丑（鼻子太大）而极度自卑。进入大学后从A. 阿德勒著作中了解了自卑与超越的概念，得到启示，从此改变了他的一生。儿时的马斯洛受到他早年经历的影响，使成年甚至成名后的他仍然害怕当众发言，以至于每一次演说之前他都会有极为强烈的焦虑感。

他的父母未受过教育，却坚持让他学习法律。马斯洛为了满足父母的愿望于1926年进入纽约市立学院专修法律，但仅仅两个星期，他就断定自己的兴趣并非在法律上。三个学期之后，他转到康奈尔大学。他的心理学导论课的教师是W. 冯特的学生——构造主义学派创始人E. 铁钦纳，但他很快就厌倦了构造主义心理学的元素分析和铁钦纳的枯燥乏味。不久又返回纽约市立学院。1928年，马斯洛不顾父母反对和他的表妹，也是高中同学贝莎结婚。马斯洛宣称，他真正的生命是从结婚和转学到威斯康星大学时开始的，那时马斯洛20岁，贝莎19岁。婚后，马斯洛和贝莎迁往威斯康星州的威斯康星大学麦迪逊分校继续他的学业，这也是他真正进入自己的学术研究领域的一个重要转折点。马斯洛发现了行为主义并为之欣喜若狂，不久即师从当时行为主义代表之一——C. 赫尔研究动物学习行为。然而，随着他日益广泛地研读格式塔心理学和 S. 弗洛伊德心理学，马斯洛对行为主义的热情渐渐减退。当年轻的马斯洛夫妇有了自己的孩子后，马斯洛又有了个重要的发现。他写道："我们的第一个婴孩改变了我的心理学生涯，他使我感到从前为之如痴如醉的行为主义显得十分愚蠢，我对这种学说再也无法忍受。它不是能成立的。"

马斯洛于1930年获威斯康星大学心理学学士学位，次年获得心理学硕士学位，1934年获心理学哲学博士学位。在威斯康星大学，他选修了美国灵长目动物研究的主导研究者——以研究罗猴和依恋行为知名的 H. 哈洛的研究实习课，并成了哈洛的研究助手，后来又成了他的第一个博士生。期间另一位著名格式塔心理学家 M. 韦特海默也曾任马斯洛的老师。至此，他渐渐对猿猴产生了兴趣，并自信找到了自己的研究领域。在对猿猴的支配权和性行为的研究中，马斯洛闯入了一个几乎完全未知的领域。1932年2月至1933年5月，马斯洛每天花数小时，在不惊扰动物的情况下，对不同种类的35个灵长目动物悄悄进行观察，并做详细的笔记，完成了题为《支配驱力在类人猿灵长目动物社会行为中的决定作用》的博士论文，用来证明不仅在猿猴，而且在其他哺乳动物及鸟类的社会行为和组织中，支配驱力都是一个关键的决定因素。他注意到似乎源自一种"内在的自信心"或"优越感"，而不是通过肉体攻击取得的。在某种意义上，他正在构思一个建立在支配驱力之上的初步理论，用来解释高级动物中的许多社会行为。由于他的论文非常出色，他给行为主义心理学家 E. 桑代克留下了深刻印象，桑代克在哥伦比亚大学给马斯洛提供了一份博士后奖学金，并邀请马斯洛在其所在的教育研究学院协助自己进行新的课题研究。1935年，马斯洛在哥伦比亚大学任桑代克学习心理研究工作的助理。由此可见马斯洛虽反对行为主义，但受的却是行为主义教育。直到1937年到纽约市布鲁克林学院担任心理学副教授时，他在思想上才放弃行为主义，转向人本主义。

在布鲁克林学院期间影响马斯洛心理学思想转变的原因既有家庭的，也有外在环境的。他的第一个孩子出世后，他观察婴儿行为的奇妙现象，使他领悟到行为主义心理学家企图借动物研究结果推论解释人类行为的做法，根本不切实际。因此他曾对人说："我敢说，凡是亲身养育过小孩的人，绝不会相信行为主义！"马斯洛在布鲁克林任教期间，正值德国纳粹迫害学术思想时期，很多欧洲著名心理学家避难美国，他亦因而得已结识格式塔心理学家韦特海默、W. 柯勒和考夫卡及精神分析心理学家K. 霍妮、阿德勒及 E. 弗洛姆等人。这些人的思想都对他的人本主义心理学理念产生了影响。

马斯洛的人本主义心理学为其美学理论提供了心理学基础。其心理学理论核心是人通过"自我实现"，满足多层次的需要系统，达到"高峰体验"，重新找回被技术排斥的人的价值，实现完美人格。他认为人作为一个有机整体，具有多种动机和需要，包括生理需要、安全需要、归属与爱的需要、自尊需要和自我实现需要。马斯洛认为，当人的低层次需求被满足之后，会转而寻求实现更高层次的需要。其中自我实现的需要是超越性的，追求真、善、美，将最终导向完美人格的塑造，高峰体验代表了人的这种最佳状态。

创造美和欣赏美，是自我实现的一个重要目标，审美需要源于人的内在冲动，审美活动因而成为满足自我实现需要的必要途径。审美活动的形象性、无直接功利性、超时空性、主客体交融性，使之对完美人格的创造具有极其重要的意义；同时，审美与完美的紧密关系，使美具有真的、善的和内容丰富的性质。这样，通过审美活动，包含真、善、美于一身的完美人格形成了，审美活动成为人的一种基本的生存方式。

高峰体验，是审美活动的最高境界，完美人格的典型状态。高峰体验可以通过对审美活动以外的知觉印象的寻求获得，只要是能获得丰富多彩的知觉印象的活动，都可能带来高峰体验，如爱的体验、神秘的体验、创造的体验，等等。高峰体验中主客体合一，既无我，也无他人或他物；对于对象的体验被幻化为整个世界；同时意义和价值被返回到审美主体；主体的情绪是完美和狂喜，主体在这时最有信心，最能把握自己、支配世界，最能发挥全部智能。

马斯洛认为人的本性是中性的、向善的，主张完美人性的可以实现性，是一种乐观主义的美学，但他离开社会实践谈审美体验、审美活动，有抽象、片面之嫌。

马斯洛的需要层次理论是其学术的核心。

马斯洛认为人都潜藏着七种不同层次的需要，这些需要在不同的时期表现出来的迫切程度是不同的。人的最迫切的需要才是激励人行动的主要原因和动力。人的需要是从外部得来的满足逐渐向内在得到的满足转化。按照重要性和层次性排序，七种不同层次的需要主要指：

（1）生理需求。

生理上的需要是人们最原始、最基本的需要，如吃饭、穿衣、住宅、医疗，等等。若不满足，则有生命危险。这就是说，它是最强烈的不可避免的最底层需要，也是推动人们行动的强大动力。当一个人为生理需要所控制时，其他一切需要均退居次要地位。

（2）安全需求。

安全的需要要求劳动安全、职业安全、生活稳定、希望免于灾难、希望未来有保障，等等。安全需要比生理需要高一层级，当生理需要得到满足以后就要保障这种需要。每一个生活在现实中的人,都会产生对安全感的欲望、自由的欲望、防御的实力的欲望。

(3) 社交需求。

社交的需要也叫归属与爱的需要,是指个人渴望得到家庭、团体、朋友、同事的关怀爱护理解,是对友情、信任、温暖、爱情的需要。社交的需要比生理和安全需要更细微、更难捉摸。它与个人性格、经历、生活区域、民族、生活习惯、宗教信仰等都有关系,这种需要是难以察悟,无法度量的。

(4) 尊重需求。

尊重的需要可分为自尊、他尊和权力欲三类,包括自我尊重、自我评价以及尊重别人。尊重的需要很少能够得到完全的满足,但基本上的满足就可产生推动力。

(5) 认知需要。

认知需要又称认知与理解的需要,是指个人对自身和周围世界的探索、理解及解决疑难问题的需要。马斯洛将其看成克服阻碍的工具,当认知需要受挫时,其他需要得到满足也会受到威胁。

(6) 审美需要。

"爱美之心人皆有之",每个人都有对周围美好事物的追求以及欣赏的需要。

(7) 自我实现。

自我实现的需要是最高等级的需要,是一种创造的需要。有自我实现需要的人,往往会竭尽所能,使自己趋于完美,实现自己的理想和目标,获得成就感。马斯洛认为,在入自我实现的创造过程中,会产生出一种所谓的"高峰体验"的感受,这个时候的人处于最高、最完美、最和谐的状态,具有一种欣喜若狂、如醉如痴的感觉。

马斯洛认为七个层次要按照次序实现，由低层次一层一层向高层次递进。只有先满足低层次的需要才能去满足高层次。故其理论一定程度上过于机械化。但是我们也要肯定马斯洛理论的完整性，以及他对管理、教育等方面做出的贡献。

著名哲学家尼采有一句警世格言——成为你自己！马斯洛在自己漫长的生命历程中，不仅将毕生精力致力于此，更以独特的人格魅力证明了这一思想，成功地树立了一个具有开创性的形象。《纽约时报》评论说："马斯洛心理学是人类了解自己过程中的一块里程碑。"还有人这样评价他："正是由于马斯洛的存在，做人才被看成是一件有希望的好事情。在这个纷乱动荡的世界里，他看到了光明与前途，他把这一切与我们一起分享。"

# 罗洛·梅

| 提示语：人本主义心理学杰出代表、美国存在心理学之父。

罗洛·梅（1909年4月21日—1994年10月22日），"美国存在心理学之父"，人本主义心理学的杰出代表。曾两次获得克里斯托弗奖章、美国心理学会颁发的临床心理学科学和职业杰出贡献奖以及美国心理学基金会颁布的心理学终身成就奖章。

罗洛·梅1909年4月21日出生于俄亥俄州的艾达镇，此后随全家迁至密歇根州的麦里恩市。父亲是基督教青年会的秘书，罗洛·梅需要经常随家搬迁。后来父母离异，他的母亲经常离家出走，不照顾孩子，甚至将女儿患心理疾病的原因归于受教育太多。作为家中的长子，罗洛·梅很早就承担起家庭的重担，还要照顾罹患精神分裂症的姐姐。

罗洛·梅在密歇根州立学院读书时，因主编的一份激进文学刊物惹恼了校方，他遂转学到俄亥俄州的奥柏林学院。1930年获得该校文学学士学位后，他随一个艺术团体到欧洲游历，学习各国的绘画和艺术，此后他在希腊的阿纳托利亚学院教了三年英文。1932年夏天，罗洛·梅在维也纳山区参加了一个暑期研讨班，接受了许多关于人的本性和行为等方面的心理学思想。1933年，罗洛·梅回到美国。1934—1936年，他在密歇根州立学院担任学生心理咨询员，并编辑一本学生杂志。此后他进入纽约联合神学院学习神学，并于1938年获得神学学士学位。在联合神学院，罗洛·梅结识了导师蒂利希，并系统地学习了存在主义哲学。纽约联合神学院毕业后，罗洛·梅被任命为公理会牧师，在新泽西州的蒙特克莱尔做了两年牧师。1939年罗洛·梅出版了《咨询的艺术：如何给予和获得心理健康》。20世纪40年代初，罗洛·梅进入纽约著名的怀特精神病学、心理学和精神分析研究院学习精神分析，后又进入哥伦比亚大学攻读博士学位。他以切身的体验完成博士学位论文——《焦虑的意义》。1949年，他以优异成绩获得哥伦比亚大学授予的第一个临床心理学博士学位。

20世纪50年代中期，罗洛·梅积极参与纽约州立法，反对美国医学会试图把心理治疗作为医学的一个专业，只有医学会的会员才能具有从业资格的做法。1948年，罗洛·梅成为怀特研究院的一名成员，1952年升为研究员；1958年，担任该研究院的院长。1959年，他成为该研究院的督导和培训分析师，并一直工作到1974年退休。

此外，罗洛·梅还先后做过哈佛大学、普林斯顿大学、耶鲁大学、布鲁克林学院的访问教授，以及纽约大学的资深学者和加利福尼亚大学雷根特学院教授，担任过纽约心理学会和美国精神分析学会主席等多种学术职务。1975年，罗洛·梅移居加利福尼亚，继续他的私人临床实践，并为塞布鲁克研究院和加利福尼亚职业心理学学院工作。1987年，塞布鲁克研究院建立了罗洛·梅中心，鼓励研究者以罗洛·梅的精神进行研究和出版著作。

1994年10月22日，罗洛·梅因多种疾病在加利福尼亚的家中逝世。

1996年，美国心理学会人本主义心理学分会设立了罗洛·梅奖，以纪念这位贡献突出的学者。

罗洛·梅关于人的存在的观点最核心的是存在感。他认为，人不同于动物之处，就在于人具有自我存在的意识，能够意识到自身的存在，这就是存在感。人存在于世意味着：人与世界是不可分的整体；人的存在始终是现实的、个别的和变化的；人的存在又是自己选择的。

人存在于世表现为三种存在方式：存在于周围世界之中；存在于人际世界之中；存在于自我世界之中。人可以同时处于这三种关系中，例如，人在进晚餐时（周围世界）与他人在一起（人际世界），并且感到身心愉悦（自我世界）。

罗洛·梅认为，人的存在具有如下六种基本特征：①自我核心，指人以其独特的自我为核心。②自我肯定，指人保持自我核心的勇气。③参与，指人在保持自我核心的基础上参与到世界中去。④觉知，指人与世界接触时具有的直接感受。⑤自我意识，指人特有的觉知现象，是人能够跳出来反省自己的能力。⑥焦虑，指人的存在面临威胁时产生的痛苦的情绪体验。

在罗洛·梅看来，人格指的是人的整体存在，是有血有肉、有思想有意志的人。他认为，自由、个体性、社会整合和宗教紧张感构成人格结构的基本成分。自由是人格的基本条件，是整个人存在的基础。个体性是自我区别于他人的独特性，它是自我的前提。社会整合是指个人在保持自我独立性的同时，参与社会活动，进行人际交往，以个人的影响力作用于社会。宗教紧张感是存在于人格发展中的一种紧张或不平衡状态，是人格发展的动力。

罗洛·梅以自我意识为线索，通过人摆脱依赖、逐渐分化的程度，勾勒出人格发展的四个阶段。第一阶段为纯真阶段，两三岁之前的婴儿时期。此时人的自我尚未形成，婴儿在这一阶段形成了依赖性，并为此后的发展奠定基础。第二阶段为反抗阶段，两三岁至青少年时期。此时的人主要通过与世界相对抗来发展自我和自我意识。第三阶段为平常阶段，青少年之后的时期。此时的人能够在一定程度上认识到自己的错误，社会生活中的很多心理问题都是这一阶段的反映。第四阶段为创造阶段，成人时期。此时的自我意识是创造性的，达到人类存在最完善的状态，也是人格发展的最高阶段。

在罗洛·梅的心理学世界里，原始生命力是一种爱的驱动力量，是一个完整的动机系统，在不同的个体身上表现出不同的驱动力量。他认为原始生命力是人类经验中的基本原型功能，是一种能够推动生命肯定自身、确证自身、维护自身、发展自身的内在动力。

爱是一种独特的原始生命力，它推动人与所爱的人或物相联系，结为一体。爱具有善和恶的两面，它既能创造和谐的关系，也能造成人际间的仇恨和冲突。爱有四种类型：

（1）性爱，指生理性的爱，它通过性活动或其他释放方式得到满足。

（2）厄洛斯（Eros），指爱欲，是与对象相结合的心理的爱，在结合中，能够产生繁殖和创造。

（3）菲利亚（Philia），指兄弟般的爱或友情之爱。

（4）博爱，指尊重他人、关心他人的幸福而不要求从中得到任何回报的爱。

在罗洛·梅看来，完满的爱是这四种爱的结合。但不幸的是，现代社会倾向于将爱等同于性爱，现代人将性成功地分离出来并加以技术化，从而出现性的放纵。在性泛滥的背后，爱却被压抑了，由此人忽视了与他人的联系，忽视了自身的存在，出现冷漠和非人化。

在罗洛·梅看来，个体作为人的存在的最根本价值受到威胁，自身安全受到威胁，由此引起的担忧便是焦虑。焦虑和恐惧与价值有着密切的关系。恐惧是对自身一部分受到威胁时的反应，当然恐惧存在特定的对象，而焦虑没有。罗洛·梅区分出两种焦虑：正常焦虑和神经症焦虑。正常焦虑是人成长的一部分。神经症焦虑是对客观威胁做出的不适当的反应。罗洛·梅曾指出，病态的强迫性症状实际是保护脆弱的自我免受焦虑。

在存在的特征中，保持自我核心的勇气就是对自我的肯定。因此，勇气也与人的存在有着密切的关联。勇气并非面对外在威胁时的勇气，它是一种内在的素质，是将自我与可能性联系起来的方式和渠道。勇气的对立面并非怯懦，而是缺乏勇气。现代社会中的一个严峻的问题是，人并非禁锢自己的潜能，而是人由于害怕被孤立，从而置自己的潜能于不顾，去顺从他人。

因此，罗洛·梅认为心理治疗的首要目的并不在于症状的消失，而是使患者重新发现、体会并认清自己的存在。心理治疗师肩负双重的任务，一方面，要了解病人的症状；另一方面，要进一步认清病人的世界，认识到他存在的境况。

罗洛·梅将心理治疗的基本原则归纳为四点：

（1）理解性原则，指治疗师理解病人的世界，这是治疗的基础。

（2）体验性原则，指治疗师要促进患者对自己存在的体验，这是治疗的关键。

（3）在场性原则，治疗师应排除先入之见，进入与病人间的关系场中。

（4）行动原则，指促进患者在选择的基础上投身于现实行动中。他认为，存在心理治疗技术应具有灵活性和通用性，随病人及治疗阶段的变化发生变化。在特定时刻，具体技术的使用应依赖于对病人存在的揭示和阐明。

罗洛·梅将心理治疗划分为三个阶段：

（1）愿望阶段，发生在觉知层面。治疗师帮助患者，使他们拥有产生愿望的能力，以获得情感上的活力和真诚。

（2）意志阶段，发生在自我意识层面，心理治疗师促进患者在觉知基础上产生自我意识的意向，例如，在觉知层面体验到湛蓝的天空，则意识到自己是生活于这样的世界的人。

（3）决心与责任感阶段，心理治疗师促使患者从前两个层面中创造出行动模式和生存模式，从而承担责任，走向自我实现、整合和成熟。

罗洛·梅在心理学上的巨大贡献是开创了美国存在心理学。他通过1958年出版的《存在：精神病学与心理学的新方向》一书，向美国介绍了欧洲的存在心理学和存在心理治疗思想，此书标志着美国存在心理学本土化的完成。他积极参与人本主义心理学活动，推动了人本主义心理学的发展。首创了存在心理治疗。罗洛·梅在从事心理治疗的实践中，形成了自己独特的思想，这就是存在心理治疗。它以帮助病人认识和体验自己的存在为目标，以加强病人的自我意识，帮助病人自我发展和自我实现为己任，重视心理治疗师和病人的互动以及治疗方法的灵活性。存在心理学尤其强调提高人面对现实的勇气和责任感，将心理治疗与人生的意义等重大问题联系起来。在罗洛·梅之后，布根塔尔和施奈德等人进一步发展，使得存在心理治疗成为人本主义心理治疗的重要组成部分。目前，存在心理治疗与来访者中心疗法、格式塔疗法一起，成为人本主义心理治疗领域最为重要的三种方法。

# 班杜拉

> 提示语： 新行为主义的主要代表人物之一， 社会学习理论的创始人。

阿尔伯特·班杜拉（1925年12月4日—），美国当代著名心理学家，新行为主义的主要代表人物之一，社会学习理论的创始人，现任斯坦福大学心理学系约丹讲座教授。担任《美国心理学家》《人格与社会心理学杂志》《实验社会心理学杂志》等20余种杂志的编辑。他一生中获得过包括不列颠哥伦比亚大学在内的16所大学授予的荣誉学位；获辜根海姆研究基金奖（the Guggenheim fellowship）及美国心理学会杰出科学家奖，加州心理学杰出科学贡献奖，攻击行为国际研究会杰出贡献奖及美国心理学会杰出科学贡献奖，美国心理学会教育心理学杰出贡献桑代克奖，行为治疗发展学会终身成就奖，西部心理学会终身成就奖。

其主要著作有：《青少年的攻击》（合著）、《社会学习与人格发展》（合著）、《行为矫正原理》。

1925年12月4日班杜拉出生在加拿大艾伯特省的蒙达，他在加拿大一个较小的农业社区长大，父亲是波兰的小麦农场主。

1949年班杜拉毕业于温哥华不列颠哥伦比亚大学，后来进入美国衣阿华大学专攻心理学，1951年获硕士学位，1952年在爱荷华大学获得博士学位。1953年，他到维基台的堪萨斯指导中心担任博士后临床实习医生，同年应聘在斯坦福大学心理学系执教，1964年升任正教授。在这期间，受赫尔派学习理论家米勒（N. Miller）、多拉德（J. Dollard）和西尔斯（R. R. Sears）的影响，把学习理论运用于社会行为的研究中。由于他的奠基性研究，导致了社会学习理论的诞生，从而也使他在西方心理学界获得较高声望。

班杜拉社会学习理论包含观察学习，自我效能，行为适应与治疗等内容。他把观察学习过程分为注意、保持、动作复现、动机四个阶段，也就是观察学习须先注意榜样的行为，然后将其记在脑子里，经过练习，最后在适当的动机出现的时候再一次表现出来。他认为以往的学习理论家一般都忽视了社会变量。他们通常都是用物理方法来进行动物实验，并以此来创建他们的理论体系。这种研究方法对于作为社会一员的人的行为来说，没有多大的研究价值。因为人是生活在一定的社会条件下，所以他主张在自然的社会情境中研究人的行为。

班杜拉1977年提出了"自我效能"的概念，用以指个体对自己在特定的情境中是否有能力得到满意结果的预期。他认为个体对效能预期越高，就越倾向做出更大努力。影响自我效能形成的因素有四点，即直接的成败经验，替代性经验，言语劝说和情绪的唤起。这四方面的内容影响了自我效能感的形成，同时也对唤起中学生学习兴趣有很大的影响，自我效能感在教育心理学领域对教师心理的研究和学习动机的研究中颇受关注。

班杜拉理论有着丰富的内涵和外延，他区分了人类学习的两种基本过程，即直接经验学习和间接经验学习；提出了观察学习是人类间接经验学习的一种重要形式，它普遍存在于不同年龄阶段和不同社会文化背景的学习者中。他的社会学习理论进一步发展了传统的强化理论。班杜拉社会学习理论的局限性在于它不适合于解释和说明陈述性知识的学习和复杂的、高难度的技能训练的过程，仅适用于解释和说明观察、模仿等社会性学习过程，因此，有学者认为，班杜拉的社会学习理论还有发展、深化的余地，只要适当地加以发展性研究，就可能繁衍出一些适用于解释特殊社会环境和特殊社会成员的社会性学习的理论。

班杜拉认为儿童社会行为的习得主要是通过观察、模仿现实生活中重要人物的行为来完成的。任何有机体观察学习的过程都是在个体、环境和行为三者相互作用下发生的，行为和环境是可以通过特定的组织而加以改变的，三者对于儿童行为塑造产生的影响取决于当时的环境和行为的性质。它着眼于观察学习和自我调节在引起人的行为中的作用，重视人的行为和环境的相互作用。

按照班杜拉的理解，对于有机体行为的强化方式有三种：一是直接强化，即对学习者做出的行为反应当场予以正或负的刺激；二是替代强化，指学习者通过观察其他人实施这种行为后所得到的结果来决定自己的行为指向；三是自我强化，指儿童根据社会对他传递的行为判断标准，结合个人的理解对自己的行为表现进行正或负的强化。自我强化参照的是自己的期望和目标。

班杜拉指出，行为主义的刺激—反应理论无法解释人类的观察学习现象。因为刺激—反应理论不能解释为什么个体会表现出新的行为，以及为什么个体在观察榜样行为后，这种已获得的行为可能在数天、数周甚至数月之后才出现等现象。所以，如果社会学习完全是建立在奖励和惩罚的基础上的话,那么大多数人都无法在社会化过程中生存。

他通过实验来证明他的观点。

1. 关于行为的习得过程

班杜拉认为,人的行为,特别是人的复杂行为主要是后天习得的。行为的习得既受遗传因素和生理因素的制约,又受后天经验环境的影响。生理因素的影响和后天经验的影响在决定行为上微妙地交织在一起,很难将两者分开。班杜拉认为行为习得有两种不同的过程:一种是通过直接经验获得行为反应模式的过程,班杜拉把这种行为习得过程称为"通过反应的结果所进行的学习",即我们所说的直接经验的学习;另一种是通过观察示范者的行为而习得行为的过程,班杜拉将它称为"通过示范所进行的学习",即我们所说的间接经验的学习。

班杜拉的社会学习理论强调的是这种观察学习或模仿学习。在观察学习的过程中,人们获得了示范活动的象征性表象,并引导适当的操作。观察学习的全过程由四个阶段(或四个子过程)构成。注意过程是观察学习的起始环节,在注意过程中,示范者行动本身的特征、观察者本人的认知特征以及观察者和示范者之间的关系等诸多因素影响着学习的效果。在观察学习的保持阶段,示范者虽然不再出现,但他的行为仍给观察者以影响。要使示范行为在记忆中保持,需要把示范行为以符号的形式表象化。通过符号这一媒介,短暂的榜样示范就能够被保持在长时间记忆中。观察学习的第三个阶段是把记忆中的符号和表象转换成适当的行为,即再现以前观察到的示范行为。这一过程涉及运动再生的认知组织和根据信息反馈对行为的调整等一系列认知的和行为的操作。能够再现示范行为之后,观察学习者(或模仿者)是否能够经常表现出示范行为要受到行为结果因素的影响。行为结果包括外部强化、自我强化和替代强化。班杜拉把这三种强化作用看成是学习者再现示范行为的动机力量。

2. 交互决定论

班杜拉的社会学习理论还详细论述了决定人类行为的诸种因素。班杜拉将这些决定人类行为的因素概括为两大类：决定行为的先行因素和决定行为的结果因素。

决定行为的先行因素包括学习的遗传机制、以环境刺激信息为基础的对行为的预期、社会的预兆性线索等决定行为的结果因素包括替代性强化（观察者看到榜样或他人受到强化，从而使自己也倾向于做出榜样的行为）和自我强化（当人们达到了自己制定的标准时，他们以自己能够控制的奖赏来加强和维持自己行动的过程）。

为了解释说明人类行为，心理学家提出了各种理论。班杜拉对其中的环境决定论和个人决定论提出了批判，并提出了自己的交互决定论，即强调在社会学习过程中行为、认知和环境三者的交互作用，它们是"你中有我，我中有你"的关系，不能把某一个因素放在比其他因素更重要的位置。

3. 自我调节理论

班杜拉认为自我调节是个人的内在强化过程，是个体通过将自己对行为的计划和预期与行为的现实成果加以对比和评价，来调节自己行为的过程。人能依照自我确立的内部标准来调节自己的行为。按照班杜拉的观点，自我具备提供参照机制的认知框架和知觉、评价及调节行为等能力。他认为人的行为不仅要受外在因素的影响，也受通过自我生成的内在因素的调节。自我调节由自我观察、自我判断和自我反应三个过程组成，经过上述三个过程，个体实现内在因素对行为的调节。

4. 自我效能理论

自我效能是指个体对自己能否在一定水平上完成某一活动具有的能力判断、信念或主体自我把握与感受。也就是个体在面临某一任务活动时的胜任感及其自信、自珍、自尊等方面的感受。自我效能也可被称作"自我效能感""自我信念""自我效能期待"等。

班杜拉指出:"效能预期不只影响活动和场合的选择,也对努力程度产生影响。被知觉到的效能预期是人们遇到应激情况时选择什么活动、花费多大力气、支持多长时间的努力的主要决定者。"班杜拉对自我效能的形成条件及其对行为的影响进行了大量的研究,指出自我效能的形成主要受五种因素的影响,包括行为的成败经验、替代性经验、言语劝说、情绪的唤起以及情境条件。

行为的成败经验指经由操作所获得的信息或直接经验。成功的经验可以提高自我效能感,使个体对自己的能力充满信心;反之,多次的失败会降低对自己能力的评估,使人丧失信心。替代性经验指个体能够通过观察他人的行为获得关于自我可能性的认识。言语劝说包括他人的暗示、说服性告诫、建议、劝告以及自我规劝。情绪和生理状态也影响自我效能的形成。在充满紧张、危险的场合或负荷较大的情况下,情绪易于唤起,高度的情绪唤起和紧张的生理状态会降低对成功的预期水准。情景条件对自我效能的形成也有一定的影响,某些情境比其他情境更难以适应与控制。当个体进入一个陌生而易引起焦虑的情境中时,会降低自我效能的水平与强度。

班杜拉的社会学习理论是在前人研究的基础上,特别是行为主义学习理论研究的基础上发展起来的,但他突破了旧的理论框架,把行为主义、认知心理学和人本主义加以融合,以信息加工和强化相结合的观点阐述了学习的过程和机制,并将社会因素引入研究中。

· 第二部分 ·
# 中国心理学家的故事

# 陈大齐

| 提示语： 中国现代心理学先驱。

陈大齐（1886年8月22日—1983年1月8日），字百年，中国现代著名学者，中国现代心理学先驱。

1886年8月22日，浙江省海盐县武原镇内关帝庙前的陈氏祖宅，一名男婴呱呱坠地，这个男婴就是陈大齐。陈家人重视后人的读书教育，陈大齐六岁那年，家里把他送至海盐当地的世家望族尚书厅徐氏家塾读书，从《千字文》到"四书五经"，陈大齐接受了传统启蒙教育，这样的日子一过就是八年。到了1900年，14岁的陈大齐跟随父亲来到上海，进入江南制造局附设厂方言馆的新式学堂学习英文。

清朝末年的上海，风云变幻，革命浪潮风起云涌，各种新思想、新观念汇聚在这座大都市。少年的陈大齐与众多热血青年一样，深受著名革命志士邹容所著《革命军》中革命思想的影响。1903年，17岁的陈大齐毅然决定东渡日本，追求先进科学知识报效祖国。

1903年夏天，陈大齐来到日本，他花了三年时间在补习学校学习日文、数学等学科。1906年，陈大齐考入日本仙台第二高等学校，即日本帝国大学的预科学校，攻读英文、德文和法律、经济等社会学科。1909年，陈大齐升入东京帝国大学哲学系，专攻哲学。在东京帝国大学学习时期，陈大齐受日本心理学界学术权威教授影响，对心理学产生了浓厚的兴趣，于是选心理学为主科。1912年夏陈大齐毕业于日本东京帝国大学，获文学学士学位，旋即回国。

从日本归国，陈大齐于同年任浙江高等学府（浙江大学前身）校长，兼任浙江私立法政专门学校教授。1913年春，陈大齐受聘于北京法政专门学校，作为预科教授讲授心理学和伦理学。1914年春天，陈大齐受聘于北大，开始16年的北大教书生涯。1921年陈大齐赴德国柏林大学研究哲学。1922年冬，陈大齐归国任北大哲学系主任。当时的北京大学哲学系汇聚着中国当代最著名的学者，如胡适、梁漱溟、蔡元培、傅斯年等。陈大齐待人谦和，与这些才华横溢的学者相处融洽。1926年北大成立心理学系，陈大齐被任命为心理系主任。1927年，陈大齐任北京大学教务长。1930年北京大学从北平学院复校，陈大齐受聘为代理校长，次年春天辞去代理校长职位。

1917年，陈大齐在北京大学任教的第三年，在校长蔡元培的支持下，创建了中国第一个心理学实验室。实验室设在北京大学图书馆前的小屋里，面积不大，挂有"心理仪器标本室"的牌子。实验室条件非常简陋，不能支持后续的心理学实验研究，这也是陈大齐后来从心理学转向理则学研究的原因之一。尽管如此，这个创建在北京大学的心理学实验室仍被中国心理学界公认为是中国第一个心理学实验室。

1918年，"北京大学丛书"的《心理学大纲》出版，此书作者是陈大齐。全书15章，约9万字，是我国第一本大学心理学教材，分为心理学之意义及研究方法、精神作用之生理的基础、感觉总说、皮肤感觉及内感觉、感情、知觉及观念、联合作用、记忆与想象、情绪及情操、意志、思维、意识及注意、人格等章节。

心理学实验室的创建与《心理学大纲》的出版，标志着中国心理学科学的诞生。

陈大齐应用心理学的实证研究方法，对中国儿童的道德意识开展科学调查。他认为教育的根基在于儿童教育，改良教育就是要从改良儿童教育着手。陈大齐说，"该先知道现在的情形，所以想改良儿童的德育，便该知道现在的儿童对于道德怎样的见解""调查明白了，我们看见有什么缺点。便可想办法去补救，倘然看见有什么优点，也可以设法去发挥它"。

陈大齐于1918年上半年开始，用心理学的问卷法制作调查表，在全国范围内开展关于中国儿童道德意识的调查。他先是在北京五所小学校开展调查，随后将调查范围扩大到浙江、江苏、江西、直隶、山西各地，这是中国第一次应用科学的心理学实证研究方法开展大规模儿童心理学调查研究。他把北京女子高等小学的调查统计结果写成文章《北京高小女生道德意识之调查》，并于1919年1月发表在《北京大学月刊》第一卷第四号上，实现了他立意调查儿童道德意识的目的"相对于研究儿童德育的人，贡献写研究的材料"。

清末民初，东洋、西洋各种学说纷至沓来，中国国内思潮处于最为庞杂、混乱的状态，最具中国本土色彩的封建迷信也被这种思潮所影响，嬗变出许多匪夷所思的形态。

张勋复辟事件之后，灵学会在俞复的主持下于上海成立，其宗旨是研究鬼神、钻研人类精神和各种超自然现象。上海灵学会出版的《灵学从志》，其中一半内容都刊登各种欧美东洋灵异照片、一些人亲身讲述的遇鬼经历，以及一些捕风捉影的伪科学分析。

新文化运动的领袖陈独秀创办的《新青年》杂志第四卷，刊登了钱玄同的题为《中国今后之文字问题》的著名"通信"，提出："欲祛除妖精鬼怪，炼丹画符的野蛮思想，当然以剿灭道教——是道士的道，不是老、庄的道——为唯一之办法。"《新青年》同仁很快达成共识，《新青年》4卷5号几乎成为批灵学的专号。其首篇重头文章就是陈大齐所著——《辟"灵学"》，上万字的文章针对灵学会及《灵学从志》，指出"处二十世纪科学昌明之世界，而犹欲以初民社会极不合理之思想愚人"的"荒谬"。《辟"灵学"》一文滔滔万言，直接针对灵学会的扶乩，运用科学心理学的解释，把扶乩涉及的对象作为一种心灵现象层层剖析，理据充分，抽丝剥茧，触及扶乩之伪的要害。

陈大齐把灵学、扶乩以及神鬼观念作为心灵现象来认识，不仅体现了现代心理学在国人思想启蒙上的重要作用，而且还使现代科学心理学真正进入中国，其思想与学术上的价值不可低估。

蒋介石在南京成立国民政府以后，于1928年成立国民政府最高考试机关——考试院，任命国民党元老戴季陶为考试院院长。此时正担任北京大学教务长的陈大齐被任命为考试院秘书长，此后他在国民政府考试院任职20年。1931年，考试院正式成立，陈大齐辞去北京大学代理校长职务，正式担任考试院秘书长。1948年，戴季陶卸任考试院院长，陈大齐也随之辞职。陈大齐任职考试院的20年间，在人才选拔、任用、考核以及建立现代管理制度方面做出了巨大的贡献，包括建立健全人才选拔、考核的政府管理机关及管理制度，制定修订大量法律法规文本，完善了各类人才考核、选拔、任用及现代管理的法律体系；组织实施中国最早的现代意义的高等考试和司法考试。

1949 年，陈大齐在台湾重拾教鞭，历任台湾大学文学院、台湾省立师范学院教育系教授，台湾政治大学校长、教授等职。

在担任台湾政治大学校长期间（1954—1959 年），陈大齐呕心沥血，筚路蓝缕，从校舍教室设施的兴建，到学校院系的规划、校务章程的制定、师资的延揽，无不竭心尽力，最终将台湾政治大学建成台湾高等教育和学术研究的高地。1959 年，陈大齐以年事已高为由辞去台湾政治大学校长职务，并担任永久教授，直至退休。

1949 年之后，陈大齐在学术上开始转型，从心理学转向理则学，对中国古代的名学也加以研究，并取得了卓越的成就。

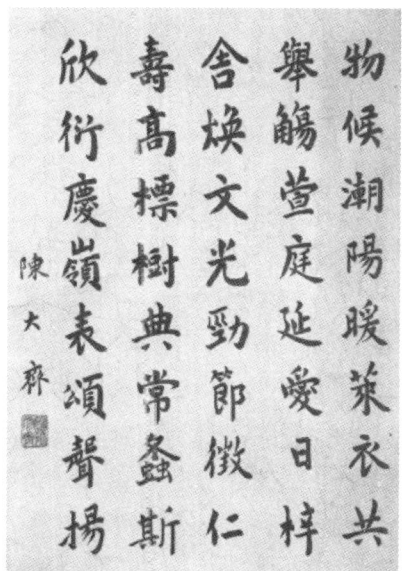

1960年，陈大齐与众人发起成立孔孟学会，并任理事长达10多年。1961年陈大齐获香港大学名誉文学博士学位。他曾任台湾"中华学术院"哲学协会会长。1983年1月8日陈大齐在台湾逝世，终年97岁。

后人这样感叹陈大齐先生一生：

民初哲圃百废兴，筚路蓝缕建奇功。

哲学心理画纲要，系科建构赖斯人。

考试铨叙系国脉，温良恭俭有遗风。

百年哲思千年梦，何以洙泗水畅通。

陈大齐的学术成就集中在心理学、理则学、中国传统文化方面。

在生命的最后20多年中，陈大齐在中国传统文化方面的学术研究进入成熟和总结阶段。在孔子思想、孟子思想、孟荀同异、告子思想方面，均有不俗的研究。

# 陈鹤琴

| 提示语：东方的福禄培尔，中国现代儿童教育之父。

陈鹤琴（1892年3月5日—1982年12月30日），我国现代心理学的开创者之一。他在心理测验和儿童心理学等领域做出了理论及实践的开拓性贡献。他是我国现代幼儿教育的奠基人，是"活教育"理论体系的提出者。由于在儿童教育领域方面的卓越贡献，他被誉为"东方的福禄培尔""中国现代儿童教育之父"。

1892年3月5日，陈鹤琴出生在浙江上虞县百官镇的一户小商人家庭。陈鹤琴出生时家道已败落，6岁时父亲不幸病逝，祖传的杂货铺也因经营不善而倒闭。幼年的陈鹤琴不得不与母亲相依为命，七八岁时帮助母亲替人洗衣服补贴生活。

尽管家中经济困难，陈鹤琴还是念了6年私塾。陈鹤琴的姐夫慷慨解囊，资助他进入美国传教士开办的杭州蕙兰学堂读书。陈鹤琴在这里修习圣经与英文，并学习了美国中等学校的相关课程。

1911年，陈鹤琴的哥哥在报纸上获悉清华学堂在国内招考的消息，他苦口婆心劝自己的弟弟去报考这所美国用部分庚子赔款建立的留美预备学校。陈鹤琴经过百里挑一的严格考试筛选，一路过关斩将，以优异的成绩考入清华学堂。

陈鹤琴的爱国观念是在清华学堂养成的。他曾经说过："清华创办的历史我很明白。清华的经费是美国退还的庚款。庚款是什么？无非民脂民膏而已。所以我觉得我所吃的是民脂民膏，我所用的也是民脂民膏，将来游学美国所有的一切费用，也都是民脂民膏。现在政府既然以人民的脂膏来再培养我，我如何不感激呢？我如何不报答呢？"

1914年8月15日，"中国号"游轮载着这批清华培养的胸怀大志、追求梦想的年轻学子，驶离上海招商局码头，启航前往大洋彼岸的美利坚合众国。陈鹤琴一路上正好与陶行知同行，他原本想学医，但在反复思考以后决定学习儿童教育。他说，"医生是医病的，我是要医人的，我是喜欢儿童，儿童也是喜欢我的，我还是要学教育，回去教育好他们。"

抵美后，陈鹤琴就读于霍普金斯大学，1917年毕业获文学学士学位。1916年、1917年的暑期，他还在康奈尔大学和阿莫斯特大学短暂进修。随后，陈鹤琴辗转到纽约的哥伦比亚大学师范学院主修教育学。当时的哥伦比亚大学是世界上最大的高等学府之一，其教育学和心理学研究达世界一流水平，学校拥有包括杜威（John Dewey）、桑代克（E. L. Thorndike）、孟禄（Paul Monroe）等一大批著名学者。

在哥伦比亚师范学院学习期间，陈鹤琴接受了系统的教育心理学、思维心理学、特殊儿童心理学等专业课程教育及学术训练。在这所美国新教育运动策源地的大学里，陈鹤琴耳濡目染杜威的教育思想，直接触摸着美国先进教育的脉搏。1918年夏天，陈鹤琴获得教育社会学硕士学位。

1919年8月，陈鹤琴学成归国，任教于南京高等师范学校，担任教育科副教授。

1920年，中国高校第一个心理学系诞生在南京高等师范学校。陈鹤琴与同事廖世承合作开设心理测验课程，并于1921年合著出版中国最早的智力测验专著——《智力测验法》。该书对西方心理学家发明的智力测验做了大致介绍，广受好评。此书被列为高等师范学校丛书，并由商务印书馆出版，曾多次再版。《智力测验法》一书对当时中国的测验方法影响很大。

1925年，陈鹤琴与廖世承又合作编著出版了《测验概要》。在《智力测验法》的基础上，《测验概要》更详细地介绍了心理测验的效用、性质、种类、材料、实施的过程、统计的方法、图表章的样式、编制测验的原理与经验。此书奠定了我国中小学教育测验的基础，在当时处于领先水平。

陈鹤琴特别注重心理测验的本土化研究，在他编著的心理测验书籍中，所列举的测验材料大都适用于我国儿童。陈鹤琴还根据中国儿童的实际情况，编写各类测验材料，对我国心理测验工作起到了积极的推动作用。

1920年12月26日，陈鹤琴的长子陈一鸣出生，孩子的出生给这个小家庭带来了幸福与快乐。此时的陈鹤琴，心中已经埋下了深深的期许，他把对儿童的爱、对儿童教育事业的爱与对儿子的爱结合起来，把自己的大儿子作为研究对象，开展了808天的跟踪观察和实验，以研究婴幼儿身心发展的特点和规律，开创了我国儿童心理研究之先河。

1925年，商务印书馆出版了陈鹤琴编写的《儿童心理之研究》，此书为心理学界和教育界公认的儿童心理研究领域的学术代表作，在我国心理学史上具有极高的学术价值。我国著名心理学家朱智贤曾说："1949年前在我国心理学史上，陈鹤琴是一位做出开创性贡献的儿童心理学家。《儿童心理之研究》是中国儿童心理学开拓性著作。不但在1949年前一直是一部权威性著作，就是在今天，他的研究精神，仍然值得我们学习。儿童早期发展的跟踪研究是一个典范。"

"在鼓楼公园西边新村中，有几亩空地，满布着绿草短树，一所矮矮的平房，放着几多运动器械，玩物恩物等。早晨9时起草地上就看到儿童的跳跃，听到咿呀的歌声，还有二三位富于儿童性的成人，跟着一群一群的儿童跑；有时候带着几位儿童到附近田野、公园、市街上去；有时候钟声一响，大家都到屋子里去做室内活动。……"这是在陈鹤琴与张宗麟合写的文章中，对南京鼓楼幼稚园的描述。

陈鹤琴从美国归国，带回了先进的美国教育理念，并将之应用在国内儿童教育领域。随着实践的深入，他感到中美之间存在着无法跨越的文化差异，完全照搬美式教育必然水土不服。于是，在幼儿教育这条道路上，陈鹤琴中西合璧，结合国情，开拓创新，走出了一条开启未来之路。

1923年秋天，在东南大学教育科的支持下，陈鹤琴在自己住所的客厅里开办了南京鼓楼幼稚园（今南京鼓楼幼儿园），这是中国第一所由私人开办的幼儿教育实验中心。创办这所幼稚园的目的，就是为了继续深入进行儿童教育实验。

在陈鹤琴的耕耘下，南京鼓楼幼稚园既吸收了世界儿童心理学研究的最新成果，同时又植根于中国本土的社会文化，以中国化为起点、为归宿。在课程设置、教材编写、教学方法方面科学而先进，并且花大力气实践儿童习惯的养成教育。陈鹤琴创建的南京鼓楼幼稚园在中国幼儿教育史上具有重要意义，基于此，有人称他为"中国幼教之父"，我国著名心理学家高觉敷教授称他为"东方的福禄培尔"。

由于战乱动荡，南京鼓楼幼稚园经历过几次停办、复园。1952年，人民政府接办南京鼓楼幼稚园，更名为南京鼓楼幼儿园。这所幼儿园是中国幼儿教育的摇篮，见证了岁月变更，记载着陈鹤琴先生对中国幼儿教育的贡献。

1928年，陈鹤琴离开了任教9年的南京高等师范学校，出任上海公共租界工部局华人教育处处长。1937年全面抗战爆发，陈鹤琴响应中国共产党提出的抗日民族统一战线的主张，投身于抗日救亡工作。由于陈鹤琴从事抗日救亡活动和进步文化教育工作效果积极而显著，他的人身安全受到威胁，被日伪列入暗杀名单。1939年10月，陈鹤琴不得不离沪暂避宁波，万幸躲过了11月汪伪特务的刺杀行动。

　　1940年3月,在重庆召开的国民教育会议上,国民政府教育部提出让陈鹤琴任国民教育司长。陈鹤琴拒绝了教育司长职位,却去江西创办了我国第一所公立的幼稚师范学校——江西省立实验幼稚师范,附设小学、幼儿园和婴儿园,另设国民教育实验区。在抵抗日军的动荡岁月中,学校三易校址,1943年从江西泰和县迁往赣州,1945年从赣州迁到广昌。陈鹤琴带领全校师生披荆斩棘,长途跋涉,他们相依为命,同舟共济,为中国培养幼教师资而努力奋斗。

　　在江西办学期间,陈鹤琴提出了"活教育"的教育主张。他赞同陶行知批判中国旧教育所提出的名言:"教死书,死教书,教书死;读死书,死读书,读书死。"陈鹤琴提出,中国的教育要把"死"字变成"活"字。他提出"活教育"三论,一是目的论,二是课程论,三是方法论。陈鹤琴认为:"活教育的目的就是在做人,做中国人,做现代中国人。"要具备健全的身体、要有建设的能力、要有创造的能力、要有合作的态度、要有服务的精神。这是目的论。大自然、大社会,都是活教材。从书本上能吸收的知识是死的,是间接的;而从大自然与大社会获得的知识是活的和直接的。这是课程论。做中教,做中学,做中求进步。活教育教学过程四个步骤:实验观察、阅读参考、发表创作、批评研讨。这是方法论。

1945年抗战胜利,陈鹤琴返回上海继续办学,并继续积极投身爱国民主运动。在此期间,他曾经两次遭到国民党逮捕,经友人营救获释。中华人民共和国成立后,陈鹤琴先是被任命为中央大学师范学院院长,1952年12月5日被教育部任命为南京师范学院院长。

"开学后不久的有天下午,我坐在一百号大楼右侧的回廊边,埋着头,结结巴巴地读着英语。也许是专心的缘故,我竟然没有发现有位过路的老人站在我身旁。当他拿起我手上陈琳编的《大学英语》第一册的时候,我才发现他竟是陈院长。""陈院长爱护学生、关心学生的情景,就像一股暖流似的,透过了我的心田。"说这话的青年就是谈凤梁,后来成为南京师范大学校长。谈凤梁回忆道,陈鹤琴院长当时鼓励他眼光要放长远,认真学习外语。多年之后,谆谆教诲仍然回响在他耳边。

这就是陈鹤琴的风采。

# 陆志韦

| 提示语： 中国心理学会首任主席， 心理学家。

陆志韦（1894年2月6日—1970年12月21日），浙江湖州南浔人，我国著名心理学家、语言学家、教育学家、白话诗人。

陆志韦的主要著作有：《社会心理学新论》《心理学：新学制高级中学教科书》；译作有《教育心理学》（主持中国儿童无限制联想的研究。翻译了美国心理学家桑代克的《教育心理学》和亨德的《普通心理学》。

南浔地处湖州之东、太湖南岸，气候温和，湖河水路交通便捷。元代曾两次筑城，从明中叶起至清代，尤其是第一次鸦片战争之后，南浔发展迅速，成为江浙之雄镇。民间曾用"四象八牛七十二金黄狗"来比喻南浔商贾积累的财富。

1894年（清光绪二十年）2月6日，陆志韦诞生在湖州阜南的南浔镇南东街莲界弄内，此时的陆家已经开始衰败，甲午的炮声还在黄海回响，动荡年代社会的剧变让陆家由盛而衰。

陆志韦的父亲陆熊祥是一位读书人，多次参加科举考试后于光绪二十二年（1896年）中了府学拔贡。只可惜陆熊祥生不逢时，此时的大清朝已是内忧外患，帝国主义的铁蹄在神州大地肆虐践踏，富甲天下的江南鱼米之乡也因战乱而遭受洗劫，波光潋滟安宁富庶的江南水乡已成南浔遗梦，湖州满目疮痍。陆熊祥虽考取了功名，却未谋得一官半职。为了养活三儿三女，他只能去"四象"之首的刘家当铺管账，靠微薄的酬劳养家糊口。陆志韦则进了刘家办的私塾读书。据说五岁的陆志韦能熟读"四书五经"，六七岁时就能阅读各种古书，因聪颖过人、记忆超群，被乡邻称赞为"神童"。刘家富甲一方乐善好施，陆志韦在刘家私塾念了6年古书。

1906年，陆志韦到邻近的吴江县震泽小学接受新式学堂的教育。他仅仅花了一年时间，就完成了全部小学学业。1907年，陆志伟升入苏州东吴大学附属中学学习，但这时父亲却撒手人寰，陆志韦只有再次求助刘家，在刘家以及学校奖学金的赞助下，才得以继续学习，并以优异的成绩考上东吴大学。

东吴大学是所基督教教会学校，在严格的校规和宗教教规约束之下，陆志韦决定把一切交给上帝，他的精神世界最终找到了可以寄托和依靠的港湾。

1911年春天，陆志韦接受了洗礼，正式成为基督教徒。而一直资助陆志韦学业的刘家，对于陆志韦加入与中国传统文化背道而驰的基督教大为光火，中断了其学业资助。陆志韦不得不在一所小学兼任教员维持学业，半工半学直至1913年从东吴大学毕业。

1913年，陆志韦从东吴大学毕业，获文学学士学位，并留校附属中学担任教员。在此期间，他阅读到西方心理学著作，并对心理学产生了浓厚的兴趣。

1915年，22岁的陆志韦获得了保送美国留学的机会，他从吴淞口岸出发，在太平洋上漂泊2个多月，抵达了美国西海岸的旧金山，最终辗转来到东南部田纳西州范德比大学皮博迪师范学院。然而皮博迪师范学院的宗教心理学专业让陆志韦失望了，经过多番思索，他向芝加哥大学申请了一笔为数不多的奖学金和一个半工半读的机会，再次踏上求学的征程。

芝加哥大学是由美国石油大王洛克菲勒于1891年捐资创办的著名公立大学，也是国际公认的高级学术研究中心。这里活跃着美国顶尖水平的现代心理学机能主义学派、行为主义学派的心理学大家。陆志韦全身心投入到心理学的学习和实验中，他主攻生理心理学，研究心理现象和行为产生的生理过程。五年全身心投入的学习很快过去，陆志韦获得了芝加哥大学哲学博士学位，这是他人生旅途中最快乐的一段时光。

1920年，芝加哥大学哲学博士陆志韦学成归国，赴南京高等师范学校任职。陆志韦与陈鹤琴在南京高等师范学校开设了我国第一个心理学系，他以饱满的热情投身于中国心理学学科的建设。1927年，由于时局动荡，陆志韦离开南京，赴北平任燕京大学文学院心理系教授兼系主任。在他主政期间，燕京大学心理学系很快成了国内一流的心理学系。

在陆志韦的组织和筹建下，中国心理学会于1937年正式成立，陆志韦被推选为首任主席。在他的倡议下，以促进实验研究为目的的《中国心理学报》于1936年正式创刊，陆志韦担任主编，燕京大学心理学系为主办单位。陆志韦为我国心理学事业的发展做出了突出的贡献。

1919年，司徒雷登正式出任燕京大学校长，这所享有盛名的教会大学从此登上中国现代高等教育的舞台。1922年，中国爆发了反基督教运动和收回教育权运动，司徒雷登改变了教会传统做法，接受了教育部大学校长必须由中国人担任的规定，四处物色合适的校长人选。经过几次风波之后，燕京大学校长职务仍然空缺。1934年，司徒雷登非常急切地赶到陆志韦家里，催促此时正在欧洲游学的陆志韦回国接任校长职务，电报辗转投递，终于在瑞士追上了陆志韦。出于司徒雷登的盛情相邀，陆志韦答应了担任燕京大学代理校长。

在这所教会学校里担任校长期间，他性情温和、行事认真低调，与司徒雷登的合作还是比较融洽。"九一八事变"之后，国内掀起抗日救亡运动高潮，燕京大学校园熊熊燃烧着师生的爱国火焰。陆志韦不主张学生上街游行示威，也不在公共场合发表言辞激烈的语言，但他对青年学生的革命思想和正义行动，充满同情之心，总是在力所能及的范围内做对国家和学生有利的事情。

他的《沧海月明珠有泪》就很生动地表达了这种情绪。

家乡啊，高粱地里的家乡，
突然是地里的一片金黄。
这年头人比高粱还瘦，
鬼国的巡逻铁骑猖狂。
……
鲛人在滩上饮声啜泣，
仿佛是人间亡国的哀音。
荒山枯骨此时寂静。

1937年"七七事变"爆发以后，北平沦陷。陆志韦放弃南下执教西南联合大学的机会，决意与燕京大学共存亡。燕京大学挂美国星条旗，改由司徒雷登任校长，陆志韦仍然参与管理。1938年，燕京大学学生冯树功被横冲直撞的日本军车当场轧死。燕京大学以书面形式向日本占领军当局提出严重抗议，并在校内召开追悼会，陆志韦亲自主持了追悼会。他拖着沉重的步伐，缓缓走上了主席台，垂首默哀，足足两分多钟的静寂。突然，他昂起头，嘶哑的嗓音带着巨大的悲愤："我……我讲不出话来！因为我这里（以拳捶胸）好像有一大块石头，压得我喘不过气来！……死者得到的是黑暗、不义和残忍……死者不能复生，但我们生者决不能忘记死者！永远、永远不能忘记！"此时的陆志韦，已然以超脱生命之外的勇气，站到了爱国呐喊的第一线，慷慨陈词，正气凛然，令人震撼！

1941年12月，日寇突然包围封锁燕京大学，逮捕爱国师生，陆志韦被押入日本宪兵部地下狱室。在被押解期间，陆志韦被提交到军事法庭审问，在病重期间，日寇让他写悔过书方可出狱治病，他却写下"无过可悔"。在他出狱后也坚持拒绝为日伪服务，表现出坚贞高贵的民族气节。

"九一八事变"以后，燕京大学处于动荡的漩涡中，国难当头，经费短缺，心理学实验难以维持。陆志韦的学术研究从此转向了不受条件限制的语言学,他在古音韵学、现代汉语词汇、语法以及文字改革等方面都有很深造诣。

陆志韦还是一位诗人。陆志韦的新歌从内容和形式上都体现了时代的特征,在形式上走白话诗的路,在内容上也以反映现实社会为主。

朱自清曾经写道:"第一个有意实验种种体制,想创新格律的,是陆志韦氏。"

"文化大革命"期间,在"极左"路线影响下,陆志韦被冠"反动学术权威""洋奴""文化买办"等帽子。1969年底,陆志韦被下放到河南息县的"五七干校"接受劳动改造。他忍受着肉体的病痛与精神上的折磨,直至晕倒在养猪场,才被允许回北京治病。1970年,回到北京的陆志韦早已病入膏肓,妻子去世的打击,使这位老人在伤心、悲痛与孤独中离开了人世,享年76岁。

"文化大革命"结束后,中国社会科学院宣布为陆志韦彻底平反,1979年12月11日,中国社会科学院在北京八宝山公墓为陆志韦举行隆重的追悼会,党和国家领导人送来花圈表示沉痛哀悼。

# 高觉敷

| 提示语：心理学史一代宗师，中国心理学史学科的开创者。

高觉敷（1896年11月6日—1993年2月15日），原名卓，字觉敷，以字行。浙江温州人。是我国著名的心理学家、教育家、翻译家、社会活动家和出版家。主治心理学史研究，对中外心理学史有着系统、深入的研究，共撰写论文344篇，出版著作33部、译著19部。高觉敷长期从事心理学教育和心理学的研究，尤专注于心理学史的研究，被称为中国当代心理学大师。

高觉敷1896年11月6日生于浙江温州。1916年考入北京高等师范学校英文部；1918年，英国公使朱尔典要求中国北洋

政府选送全国高师学生二十名报考香港大学,高觉敷因此被选送到香港大学教育系学习。高觉敷在香港大学学习期间对心理学产生了浓厚的兴趣,但心理学在那时的英国是不太受重视的。香港大学没有专任的心理学教授,教心理学的教授兼教教育学,用托马斯·沛西·能的《教育原理》为教育学课本,用斯托特的《心理学手册》、麦独孤的《社会心理学引论》和闻斯德贝格的《普遍心理与应用心理》为心理学课本。这一时期的高觉敷较多致力于心理学的学习,并阅读了其他参考资料。任课教师先后是费格森和福斯特,他们对心理学的讲解深入浅出,引人入胜,特别是福斯特教授,经验丰富,平易近人,这使高觉敷对心理学的兴趣更加浓厚,尤其钟情于麦独孤的本能、情绪、情操和性格理论,后来在高年级时读了麦独孤的《身体与心灵》,高觉敷深有感触,更增加了对心理学的兴趣。麦独孤的心理学是唯心主义的,在当时招到的大多是批评,但年轻的高觉敷没有对其完全否定,而是以事实为根据,做辩证的分析,展现了其独特的学术个性和辩证的思维头脑,正是对麦独孤的研究,开启了高觉敷心理学学术生涯。

  高觉敷坚实的翻译功底也是在港大读书时打下的。当时担任英文文学教师的是辛普森先生,他对英文文学有着独特的见解,讲课风格也与众不同,这使高觉敷受益匪浅。他之所以能译出众多西方心理学名著,成为一代翻译名家,与此是分不开的。因此,高觉敷始终对辛普森先生怀着一种感激的心情和深刻的眷恋。正如他自己所言:"因为心理学不像其他自然科学,西方心理学家的名著,如果缺乏英文学的基础,往往不易得到彻底的了解,我在港大毕业后半个世纪以来,译出了几部西方心理学专著,并与西方极少数的心理学家通信,交流对中西心理学思想观点的看法,都应感谢辛普森教授对我在英文学方面的培养。"

  港大毕业以后,高觉敷在上海暨南学校师范科心理学系任教。周予同是他高师的同学，那时他正协助李石岑编辑《教育杂志》，给了高觉敷发表心理学文章的机会。1923年10月高觉敷在该杂志上刊布了《新心理学与教育》。从此以后，陆续在《教育杂志》上发表了好几篇讨论"麦独孤的灵魂论及咒州评""机械主义与生机主义的教育""心体平行论与心体交感论"的文章。在几年中，高觉敷几乎成为麦独孤的宣传员。

1926年高觉敷受聘于上海商务印书馆，任哲学教育部编辑。在商务印书馆工作期间，高觉敷30多岁，正处于风华正茂的年龄，乐于结识学界朋友，无论是旧日同窗好友，还是今日新知，他都诚心相待，以心相交。1929年，港大同窗朱光潜的《变态心理学派别》一书出版，高觉敷为之作序，两人的交情密笃一直维系到老。由于组织稿件的需要，高觉敷认识了一些专家、学者，包括心理学家在内。就心理学家来说，他们多是从美国回来的留学生，其中郭任远对他的影响较大。郭任远是态度坚决、旗帜鲜明的行为主义者。那时郭任远住在江湾，高觉敷曾几次拜访了他。他的谈锋甚健，高觉敷说不过他。高觉敷虽不同意他极端的行为主义，但是他对麦独孤的批评使其受到很大的启发。郭任远认为研究行为，必须追究它的来历，否则如果把一切行为均溯源于本能，就会步入官能心理学的后尘，走向"完结了的心理学"。郭任远的这个论点是有说服力的。

这一时期高觉敷由于工作的需要，广泛阅读西方各个心理学流派的著作和美英心理学杂志。高觉敷读了美国1919年反本能运动的文献，进一步动摇了对麦独孤的信仰。同时，高觉敷翻译了华生对儿童的情绪反应的实验，感觉到华生是重证据、重实验的。此后，高觉敷写了不少有关格式塔心理学的文章，散见于《东方杂志》《教育杂志》《中华教育界》《观察周刊》等刊物。还翻译了考夫卡的《心之发展》、苛勒的《格式塔心理学》、勒温的《拓扑心理学原理》、扬琴巴尔的《社会心理学史》、波林的《实验心理学史》。

1932年1月28日，日军突然向上海闸北的国民党第十九路军发起了攻击，史称"一·二八事变"。时局动荡，高觉敷受四川大学的电邀，前往成都，任心理学教授。那时成都市内刘文辉的二十四军、邓锡侯的二十八军、田颂尧的二十九军分区割据，互相敌视，治安情况极坏，随时有内战的危险。1932年11月间，虽有成都绅士为和平奔走，但二十四军和二十九军仍然爆发了一个星期的巷战。高觉敷当时就居住在二十九军司令部。工友送饭给他吃时，子弹就在他的头上飞过。鉴于恶劣的战争形势，1933年暑假，高觉敷转应广东省立勷勤大学师范学院院长林砺儒的邀聘，九月间到了广州，任该院心理学教授，第二年兼任教育系主任和中山大学教育研究所心理学部指导教授。1940年1月，应著名教育心理学家廖世承之邀，高觉敷转至湖南蓝田国立师范学院教育系任职，当时廖世承是该校首任院长。在旧中国政治黑暗的时期，知识分子是很难有安身立命之处的。高觉敷遵从前教育系主任孟宪承的嘱托担任教育系主任。高觉敷在蓝田任职虽不到五年，但为办好教育系付出了极大精力。

蓝田是个小地方，战乱风暴一般席卷不到，由于东南各省部分沦陷或告急，许多著名学者群集蓝田，如当时中文系有钱基博、马宗霍，英语系有钱钟书，数学系有李达，等等，而教育系在高觉敷的操持下更是名师荟萃，学者云集，如郭一岑、黄于通、王越、陈一百、朱有光、刘佛年等，他们充实了师资队伍，具备了办好教育的核心条件。高觉敷为开设本系课程大费周章，开设了普通心理学，心理测验与统计，哲学，教育学和教育史，社会心理学，教育心理学，西方心理学史和心理学家名著选读等十余门课程。还成立国立师范心理学会，举行心理专题讨论会、学术报告会、成立专题科研组、专题翻译组，这些课外学术活动使学生学到了许多课堂上学不到的活知识，大大提高了他们的学术水平，培养了思维和翻译能力。高觉敷讲授西方心理学史和心理学名著选读课程，分析精辟讲解透彻，使不少学生爱上了心理学专业，后来终身从事心理学教学和科研工作，在心理学界产生了一定影响，如孙名之、陈孝禅、李伯黍、曼殊、伍棠棣、杨尔衢、陈汝懋等。

高觉敷于1944年10月赴当时迁移至重庆的国立编译馆任职，不久又在复旦大学兼课，有机会与老友潘菽经常见面，潘菽告诉他抗战要寄希望于中国共产党，他深受鼓舞和启发，于是加入了由许德珩、梁希、潘菽等民主人士组织的"民主科学社"，后来因1945年9月3日被定为抗战胜利日，该社于当日更名为"九三学社"。抗战结束后，复旦大学回迁至上海，国立编译馆则迁回南京，因两单位达成妥协，高觉敷在两个单位都得以任专职。但由于两地相隔太远，往返不便，在坚持了一个学期后，高觉敷辞去上海之职，专在南京供职，以非教徒身份在金陵大学任心理系主任，另外又在编译馆兼职，于是高觉敷在素称"汇南佳丽地，金陵帝王州"的六朝古都南京开始了后半生的定居生涯。

中华人民共和国成立后，高觉敷被任命为南京师范学院筹备委员会办公室主任。1952年高等学校院系调整时他任南京师范学院教授、教务长；1954年，任南京师范学院副院长；1959年，任南京师范大学教授及心理学史研究室主任等。从被划为右派分子到"文化大革命"结束平反，近20年中，尽管高觉敷受了多少屈辱和不公正待遇，但他都处之泰然，潜心研究中国、西方和苏联心理学史，撰写了《心理学史讲义》，为后来编写心理学史教材奠定了基础。

1978年，党的十一届三中全会召开，高觉敷迎来了学术和生活的春天，在"幽静古雅"的南京师范大学开始了他人生最后15年的辉煌征程。在晚年的住所南京赤壁路12号（一栋古朴典雅的楼房，庭院中有一棵很大的蜡梅树以其独有的素朴装点其间），他勾画了中国心理学史学科的未来，主编心理学史教材，编撰心理学史工具书，重译西方心理学经典著作，撰写心理学史和理论心理学文章。由于贡献突出，1984年南京市总工会授予他"劳动模范"称号，1988江苏省总工会授予他"优秀教育工作者"称号，1990年他荣获国务院颁发的政府特殊津贴。

在心理学基本理论上，高觉敷既反对二元论，也反对还原论。他认为用还原论代替二元论是不足取的。排除二元论只有一条正确的道路，那就是列宁主张的唯物主义一元论，也就是辩证唯物主义。

在心理学史问题上，高觉敷认为应以马列主义、毛泽东思想为指导，贯彻辩证唯物主义、历史唯物主义。过去的心理学史往往罗列各家学说，好像这些学说是在真空中产生的。其实，心理学与其他学术如政治、法律、哲学、宗教、文学、艺术一样，它的诞生和发展都是受社会历史条件制约的。当然，心理学也有它的相对独立性，有它本身发展的内在逻辑或内部矛盾。因此，心理学史工作者，既要看到社会历史条件的影响，又要看到它发展的内在逻辑，二者不可偏废。根据外因通过内因而起作用的决定论原理，我们可以把内部逻辑视为心理学思想发展的根本原因，而将外部社会历史条件视为第二位的原因。

对于心理学各个流派的评价问题，高觉敷认为心理学家的世界观和他们在科学上的成就要区别对待，对具体的人要做具体分析，不要因为某一心理学家的世界观是唯心主义，就抹杀他在某一问题上的科学成就，也不要因为他在某一问题上的科学成就硬要把他提高为唯物主义者。这是两个有联系又有区别的问题，要掌握全面材料，不要轻下断语，这样能少犯错误或不犯错误。

高觉敷著述宏富，主要专著有《心理学名人传》（1933）、《群众心理学》（1934）、《现代心理学》（1935）、《教育心理学》（1946）等，主编著作有《西方近代心理学史》（1982）、《中国心理学史》(1985)、《心理学史》(中国大百科全书心理学卷，第一分册)(1985)、《西方心理学的新发展》(1986)、《西方社会心理学发展史》(1991)、《西方心理学史论》(1995)、《西方教育心理学发展史》(1996)等，译著有《精神分析引论》(1933、1984)、《精神分析引论新编》(1935、1981)、《实验心理学史》(1935、1987)、《拓扑心理学原理》(1944、2003)等，论文集为两本《高觉敷心理学文选》(1986、2006)，发表文章170多篇。他以其卓越的研究成果而蜚声海内外，促进了中外心理学思想的交流，为我国心理学事业的发展培养了大批人才，堪称"中国心理学的一代大师"。

高老的一生可以用杨鑫辉教授的一首诗作总结："学海求索近百年，心史业绩堪称先。桃李芬芳满神州，华章风范后学传。"高觉敷的离去是心理学界和文化界的巨大损失，但是，"落红不是无情物，化作春泥更护花"。他的治学精神和高深学养将永远滋养着后辈！

# 潘 菽

> 提示语：中国现代理论心理学泰斗；中国心理学由折航道的舵手；中国理论心理学园地的播种者。

潘菽（1897年7月13日—1988年3月26日），原名有年，字水叔（菽）。我国现代心理学的奠基人之一，中华人民共和国成立后我国心理科学的主要领导者，心理学家、教育家。1955年以后，一直担任中国心理学会理事长和中国科学院心理研究所所长。潘菽一直致力于建设有中国特色的心理学事业，为中国心理学的建立和发展倾注了半生的心血，他的学术研究在我国理论心理学、教育心理学、心理学史等方面产生了巨大影响，并得到学术界的公认。其代表作有《心理学简札》《心理学概论》。

1897年7月13日，潘菽出生于江苏省宜兴县陆平村的书香门第。其祖训为"耕读传家，不入仕途"。潘氏一家虽然不是钟鸣鼎食之家，却也是名门望族、书香门第。饥荒之时，潘家是传统仁义之家，其祖上在饥荒年代曾倾其家产换取粮食，开仓赈粮，以解乡亲之难。

潘菽的曾祖父潘亭山是清嘉庆年间的举人，祖父潘元夔（理卿）是清咸丰九年的举人，但两个人都辞官不做，只赢得个名声便回乡做塾师了。潘菽的父亲潘仲六很有才学，可惜在腐败的科举中被人顶替落榜，在乡间教授"四书五经"。潘家严格恪守祖训，以塾书为业并兼顾农桑。到了潘菽这一代，潘家有兄弟5人，姊妹4人，他在兄弟中排行第二。

潘菽6岁的时候，家里安排他在父亲开办的蒙馆里读"四书五经"。他天资聪颖，博闻强记，勤奋好学，表现出异于常人的读书天分。此时正值清朝末年废科举兴学堂，在新旧教育制度变革时期，潘菽从家乡的高小、中学，求学到杭州蚕桑学校，几经周折，终以优异成绩考取了位于常州的江苏省立第五中学。需要特别提到的是，他是三年级插班生。

少年时期的潘菽，不仅学习优异，熟读先秦诸子及宋明理学家的著作，而且兴趣广泛，写得一手好文章，还爱好书法、美术和镌刻等。在每学期末学校公布的红榜上，他的名字总是列甲等前两名，得到校长的赏识。

1917年潘菽中学毕业，他跳过两年的预科，以优异成绩直接考取了北京大学哲学系。由于出色的才华，潘菽很快便在北大崭露头角。

当时著名教授胡适在北大讲授中国哲学史这门课程时，留给学生写一篇关于"惠施和公孙龙"的作业。潘菽的文章得到了胡适的欣赏，被评为北大文科有史以来最高分"甲上"。由于品学兼优，北大校长蔡元培特地在毕业之际为他赋诗一首并亲自书写条幅作为勉励。

五四运动时期，潘菽怀着满腔爱国之情积极参加了这场反帝反封建的革命运动。1919 年 5 月 4 日，潘菽参加学生示威游行，并且亲手放火焚烧赵家楼——签订"二十一条"的北洋军阀交通总长曹汝霖的住宅。他也因此成为北平市 32 名被捕爱国青年之一。

帝国主义列强的肆意践踏、军阀的卖国行为，让潘菽深切感受到"天下兴亡，匹夫有责"，作为一介书生，潘菽萌发了"教育救国"的思想。1920 年北大毕业后，潘菽考取了到美国公费留学的机会。

1921 年，潘菽先后在美国加利福尼亚大学和印第安纳大学学习教育学。在美国期间，他受到科学心理学影响，逐渐认识到心理学作为一门研究人的基础科学，既与教育密切相关，又比教育带有更根本的性质。从此，潘菽转向心理学学习，并且把一生都奉献给了心理学科。

潘菽在《回顾六十余年的心理学历程》中写道："我坚信心理学必然会发展为一门真正的科学，因为它有不容否认的研究对象——心理现象。而且正因为人有高度发展的心理才能成其为人，才能做各种各样的事情。由此可见，心理学的重要性非同一般。既然如此重要，越是不成熟，就越是需要更多的人去加强研究，并且更重要的是要去找出它所以发育不良的原因。就这样，我一心爱上了心理学，并立志为它的科学化而奋斗终生。"

潘菽最早开始接触到心理学，其实是在北京大学求学时期，陈大齐教授是他第一位心理学老师。在美国印第安纳大学，潘菽先是从事汉字心理学方面的研究，获得硕士学位；1923 年，潘菽转入芝加哥大学深造，师从著名心理学家卡尔（H. Carr），以题为《背景对学习和回忆的影响》的论文获得心理学博士学位。

潘菽在美国留学期间，生活艰辛，为了维持学费和生活开支，他在业余时间到学校食堂帮工、到餐馆打工。靠着打零工，他又在芝加哥大学多读了一年的书。1927年，潘菽学成归国。

潘菽归国以后，立即投身到中国心理学建设的事业中。他受聘于第四中山大学（前身是东南大学，后来改称中央大学）任心理学副教授，半年后升为教授，兼任心理系主任。

30年代的中国处于内忧外患之际，也正值现代心理学起步和发展阶段，由于时局动荡不稳，国内一些大学纷纷取消心理学系，一些很有才干的年轻心理学学者被迫改行。面对中国现代心理学可能夭折的厄运，潘菽在报刊上以《为心理学辩护》等为题，接连发表文章，竭力争取全社会对心理学的重视和支持，使心理学站住了脚跟；他鼓励心理学的同仁知所奋勉，不畏艰难，敢于知难而进，共同开垦中国科学领域中的这一"半荒区"。

抗战时期，潘菽随中央大学内迁重庆，并在心理系开设理论心理学课程，用哲学思想探索心理学基本理论问题。

中华人民共和国成立初期，中国心理学的专业机构做了较大调整，在全国范围内只有南京大学（中央大学调整为南京大学）保留一个心理系，另按苏联的模式在北京大学哲学系内设立了一个心理学专业。1956年南京大学心理系并入中国科学院心理研究所。潘菽先后担任南京大学心理系主任、校教务长、校务委员会主席、校长，1956年调到中国科学院心理研究所任所长。1955年中国心理学会重新建立，他被推选为理事长。1955年中国科学院成立学部，他被聘为学部委员，是学部委员中唯一的心理学家。

60年代，潘菽突发心肌梗死，住院一年多。出院养病期间，"文化大革命"的浩劫到来。心理学被诬称为"伪科学"，要被"彻底砸烂"，心理研究所和大学的心理学专业也被取消。中国心理学面临灭顶之灾。年老多病的潘菽，从人人敬仰爱戴的对象，一下子成了"牛鬼蛇神",遭受着各种迫害。即便是在自身安危难保的情况下,他仍然对心理学科保持着坚定的信念,在一次砸烂心理所的批斗会后,他悲愤而坚定地对自己的夫人说:"心理学作为一门科学是砸不烂的,也是取消不了的,前途是光明的。"在极度困难的情况下,他自强不息,著书立说,以写检查为掩护,偷偷写下了50多万字的《心理学简札》初稿。

1976年"文化大革命"结束后,年过八旬的潘菽重新挑起心理研究所所长和中国心理学会理事长这两副重担。他身先士卒,带头从事研究和著述,在他生命的最后10余年中,共发表论文20多篇,出版著作3部。10年中,他先后培养了3名硕士研究生和4名博士研究生。1987年,在庆祝潘菽从事心理学科研和教学工作60周年暨90寿辰的活动上,他还表示要"活到老,学到老,工作到老"。

潘菽这种高度的事业心和无私奉献的精神在我国心理学界广为传颂,被誉为"我国心理学界的圣人"和"一面旗帜"。六七十年来他在心理学上走过的道路,正像他自己所说,"并不是现成的康庄大道,而仿佛是山间之蹊径,颇为崎岖曲折,有时还要披荆斩棘"。晚年,他在一篇题为《我的心理学历程》的回顾中,将自己的学术生涯大致分为六个阶段,即十年定志、十年彷徨、十年探路、十年依傍、十年自强、十年播扬。潘菽是与中国现代心理学一起成长起来的心理学家,他在心理学上所走过的道路可谓是中国现代心理学历史发展的一个缩影。他的奋斗精神也堪称中国老一辈心理学家劈波前进的一个典范。潘菽为中国心理学的发展做出了巨大的贡献,被认为是中国现代心理学的奠基人之一,理论心理学的主要开拓者。

# 郭任远

> 【提示语】 中国的华生； 行为主义的中国代表人物。

郭任远（1898年5月21日—1970年8月14日），字陶夫，广东潮阳县铜钵盂村人。行为主义的中国代表。其主要著作有《人类的行为》《一个心理学革命者的口供》《行为学的基础》《行为主义心理学讲义》《郭任远心理学论丛》《心理学与遗传》《行为主义》《行为学的领域》《行为的基本原理》。

1898年郭任远出生于广东省潮阳县铜钵盂村一个富商家庭，父亲和叔叔都在外经商。富裕的家境，父母的疼爱，让郭任远从小便受到了良好的教育。从潮安金山中学毕业以后，18岁的郭任远考入复旦大学,两年后大学肄业,赴美国加利福尼亚大学留学攻读心理学,师从著名心理学家爱德华·蔡斯·托尔曼,并得到他的赏识。

郭任远读书时对各学科知识广泛涉猎,除心理学之外,哲学、物理学、生物学也被纳入他的学习范畴。郭任远读书勤学善思,并且敢于发表自己的见解。1920年秋,美国教育心理学的研讨会在加利福尼亚大学举行,22岁的郭任远在会上初露锋芒,一鸣惊人,他发表了题为《取消心理学中的本能说》的学术报告,公开质疑当时的心理学界的主流学术观点"本能存在"学说。1920年冬天,郭任远把这篇学术会议上的发言稿寄给美国学术界权威刊物——《哲学杂志》,并于1921年11月发表。此文一经刊发,立即引起了心理学界的震动,并在美国引发了一场学术论战。

本能心理学是由当时美国心理学界权威、哈佛大学心理学系主任威廉·麦独孤提出来的,在《取消心理学中的本能说》一文中,郭任远言辞犀利地反对"人的行为起源于先天遗传"的主张,并提出"有机体除受精卵的第一次动作外,别无真正不学而能的反应"。麦独孤在1921年和1922年的《变态与社会心理学》杂志中对郭任远的质疑和反对进行了回应,并称郭任远是"超华生"的行为主义者。受郭任远学术观点的影响,美国行为主义心理学的奠基人华生逐渐转变为一个激进的环境决定论者。

郭任远在其《取消心理学中的本能说》一文中写道:"本篇的主旨就是取消目下流行的本能说,另于客观和行为的基础上建立一个心理学解释",其目的不仅是为了取消行为主义的旧本能说,而是为了建立新的心理学解释,最终目标是开拓一个新的实验的发生心理学。

1923年,还在美国攻读博士学位的郭任远接到了北京大学校长蔡元培的聘书,邀请他出任北京大学心理学教授。与此同时，母校复旦大学校长李登辉也向他发出了热情的邀请，最终郭任远选择回复旦大学任教，带着几百册心理学书籍回到母校复旦。翌年，归国心理学博士郭任远出任复旦大学副校长。郭任远雄心勃勃、豪情万丈，首先募捐3000元大洋，创建了复旦大学心理学系。1925年，他想把心理学系扩建为心理学院，规划建设东方世界一流水准的心理学院，却苦于没有房舍。潮州巨富郭子彬（上海鸿裕银行、纱厂、面粉厂的创办者，同时也是热心于教育和公益事业的实业家）是郭任远的堂叔父。郭任远在叔父那里募捐五万大洋，请德国工程师设计并亲自督建了一座欧式风格的四层大楼，命名"子彬院"。子彬院二、三、四层楼为复旦大学心理学院，设动植矿物标本陈列室、实验室、饲养室、照相室等。

当时上海《申报》曾以大篇幅报道复旦大学心理学院，称子彬院是规模仅次于苏联巴甫洛夫心理学院、美国普林斯顿心理学院的远东第一心理学院。除了在教学设施上水准一流，郭任远还广招人才。当时的复旦大学心理学院群贤毕至，英才济济，加上郭任远本人，拥有"一院八博士"的超强师资。1926年暑期，复旦大学培养出它的首个心理学硕士研究生。1927年，郭任远离开复旦，心理学扩展为生物学科。1927年，郭任远到中央大学任教心理学，翌年任中央研究院心理所所长。1933年2月，郭任远任浙江大学校长，并创建了浙大心理学系。1935年，郭任远辞去浙江大学校长职务。1936年，郭任远与全国各地的心理学者共34人发起并成立了中国心理学会。同年，他再次赴美国，先后到伯克利的罗切斯特大学、华盛顿卡内基研究所从事研究工作，于1940年回国，在重庆任中国生理心理研究所所长。1944年，郭任远受命筹办中国心理研究所。1945年，受美国加利福尼亚大学邀请，他再次赴美讲学。1946年，为躲避即将爆发的内战，郭任远举家迁往香港定居，任香港大学董事。这一时期,他对自己早年的心理学研究工作进行了总结,并把自己的体会写成了《行为发展之动力形成论》。晚年的郭任远还致力于中国国民性的研究,著有《中国人行为之剖析》一书。1970年8月14日,郭任远在香港医病逝世,享年72岁。

鉴于郭任远在心理学研究领域的声誉和做出的杰出贡献,美国《比较与生理心理学》杂志于1972年——他逝世两周年时刊载了题为《郭任远:激进的科学哲学家和革新的实验家》的悼念文章。

郭任远早期是激进的行为主义者,坚决反对"动物本能说",提出了自己的学术观点"非本能"论,并且用实验来为自己的理论提供证据支持。他在复旦大学实验中学的实验基地,带领学生开展"猫鼠同笼,大同世界"的实验。实验者把幼猫和幼鼠关在笼子里共同饲养,结果是猫鼠和睦共处,互不相犯。当猫鼠长大一些的时候,有时候猫会想去挠老鼠。实验者在猫鼠中间安装电网,当猫向老鼠伸爪时就会触电,猫就会把爪子缩回去。经过反复的触电经历之后,实验者把电网撤掉,猫也不会去抓老鼠了。郭任远想通过这个实验反对"猫捉老鼠是猫的本能,狼吃山羊是狼的本能"的观点,他想证明猫捉老鼠不是先天的本能,而是后天学习的结果。

郭任远根据这类实验结果,撰写了一系列的论文报告,发表在美国各种科学刊物上。其中《猫对鼠反应的起源》发表在美国《比较生理心理学》杂志上,这篇文章还配了一张老鼠骑在猫身上的照片,引起了学术界极大的反响。

除了在学校正常任教之外,他每周三、五还在学校开设专题讲座,为社会大众普及心理学知识,只要是对心理学感兴趣者,欢迎听讲且不受任何限制。郭任远的讲座,不仅校内学生踊跃参加,就连很多校外人士都远道赶来参加。除了通过现场的讲座宣传普及心理学知识,郭任远还经常在上海各种报刊上发表文章,介绍自己的学术理论以及国内外各种心理学的理论和新的研究成果。一时间，归国心理学家郭任远和科学心理学一起在上海知识界声名远扬。

1926年，为了实践实验的发生心理学的研究，他辞去复旦大学副校长的职务，在上海郊区创建私人实验室，对哺乳动物胚胎行为和鸟纲的胚胎行为发展进行研究，对实验胚胎学做出了独创性的贡献。

郭任远认为，动物一出生即会的行为发展可以追溯到胚胎期。他通过透明蛋壳，观察在孵化过程中小鸡胚胎的活动过程。蛋内的雏鸡由于蜷卧姿势，每次心脏跳动推动头部点头动作，由此小鸡在胚胎内养成了点头的习惯。小鸡孵化破壳之后继续保持点头的习惯，当它在点头时嘴碰到地面偶然啄到食物时，受到强化，形成了啄食的条件反射。由此得出，小鸡一出生就有啄食的本能是错误的，啄食的动作不是本能，而是在胚胎中学习的结果。

郭任远在实验中创作的小窗被称为"郭窗"。1972年，美国学者哥特里勃在纪念郭任远逝世两周年的文章中写道："任远先生的胚胎研究及其学说开拓了西方生理学、心理学新领域，尤其是对美国心理学的心的理论研究开了先河，有着不可磨灭的贡献。"

郭任远早年的研究独树一帜，而且在其一生中不断发展创新，其研究成果得到了国际心理学界的公认，他为中国行为主义心理学的发展做出了不可磨灭的贡献。

# 陈 立

| 提示语：我国工业心理学的创始人

陈立（1902年7月22日—2004年3月18日），湖南平江人，字卓如，曾用笔名方正。智力理论和心理测验研究的先驱。

陈立，字卓如，1902年7月22日出生于湖南省平江县一个普通的手工业者家庭。5岁时，母亲患病去世。父亲在万分悲痛中皈依基督教，幼小的陈立开始独自面对艰辛的生活，每天背着书包走很远的路去村外小学上学。有一天他在村口遇到一条大狼狗，冲他汪汪直叫，吓得他掉头就跑，没想到又碰上一只大公鸡，伸长脖子和他一样高，他害怕公鸡的啼叫，又想回头走，无路可退之时，陈立选择勇敢地闯过去，这是年幼的陈立第一次与艰难环境较量。

在父亲的艰苦支撑下，陈立勉强读完初小。毕业后，为生计所迫，陈立只好外出学手艺。初学刻字，不成，后改学鞋匠，因愤于师傅的浪荡行为不告而别，回到家里。小学老师张子谋同情他的遭遇，煞费苦心替他争取到一个食宿免费名额，使他得以继续进培元小学学习。他非常珍惜来之不易的学习机会，学习勤奋，成绩优异，在七省教会学校统考中获得第一名，于1918年免费升入武昌博文书院读中学。入学后，他一边阅读大量的原版经典著作及不少哲学和社会科学书刊，一边投身到追求真理的正义活动中去，曾经历任博文书院学生会主席，湖南在湖北求学学生的旅鄂同学会会长，以实际行动参与一些倾向革命的宣传活动。1919年五四运动爆发，他组织同学上街请愿，露宿街头，也就是在这个忙碌的夜晚，陈立的父亲不幸离开了人世，在失去父亲的那一刻陈立心中十分悲伤，但是泪水没有阻止他前进的脚步。他仍然满腔热血地参与革命的宣传活动，同时还参与了以蔡元培、陈独秀等为一方和以梁启超等玄学主义为一方的科玄之争。他与当时在武汉的进步学生还利用报刊开展宣传工作。曾帮助胡石庵创办在汉口出版的《大汉报》的副刊，介绍新思潮，后又担任长沙《湘报》的特约通讯员，在该报上连续发表了《科学概论》的译稿，直到《湘报》被迫停刊为止。

  1924年起，陈立就读于上海沪江大学理化专业。他除学习物理学、化学等必修课外，还选修了不少生物学课程，如普通生物学、遗传学、细菌学等，每周有时竟有7个半天在实验室做实验，这为他后来的科研工作打下了扎实的基础。1928年毕业后，他回到武昌博文书院任教并兼教务主任。

  1930年陈立以湖北省第一名的优异成绩取得公费留学英国的机会，被推荐到伦敦大学著名的心理学家 C. E. 斯丕尔曼教授门下攻读心理学。陈立初到伦敦，由于当时还未开学，陈立就先在一所中学里找了一份兼职工作，教授数学、物理、化学等课程，不料大受英国学生的好评，伦敦市的督学也前来听课，夸他是一个天生的教师。仅用了一年的时间陈立就通过了博士资格考试，进入实验研究阶段。他研究了O因素，一个当时尚无人系统研究过的课题。他还花了一个学期到剑桥做"持续工作过程"的研究，得到了F. C. 巴特列特教授的赏识。1933年5月，陈立获得英国伦敦大学理科心理学博士学位。1933年6月，陈立进入英国工业心理学研究所。仅半年时间，他就写出了4项研究报告。其中1篇得到所在地厂长的高度评价，研究所将这篇论文发表了。而在该工厂工作的心理学家亨特则认为陈立的另一篇关于优化工作程序的论文有更重要的意义。

1933年12月，陈立转到德国柏林大学心理研究所，在格式塔心理学大师W. 柯勒的指导下开展"个体声调高低的差异"研究。研究尚未成功，就因纳粹分子猖獗且柯勒本人逃往美国而告终。陈立也毅然舍弃尚有两年的博士后公费资助，决定回国，用自己所学的知识来报效祖国。

1934年底，获得博士学位的陈立回国，找到了当时中央研究院心理研究所所长汪敬熙，向他提出想在工业心理学领域开展研究的想法，并得到了商务印书馆总经理王云五的支持。为了使国人重视工业生产中的心理问题，使技术得以改进，提高生产效率，商务印书馆以最高稿费支付给陈立写作《工业心理学概观》，这本书是中国工业心理学的第一部专著，开创了中国工业心理学研究的先河。书中系统地介绍了工业心理学的基本理论和原理，详细叙述了心理学干预工业生产所取得的显著成效，并从组织层面分析了工业心理学的应用领域和理论发展方向，这本书弥补了中国工业心理学研究的空白。1935年，在汪敬熙的极力推荐下，清华大学和中央研究院心理研究所合并，成立工业心理学研究院。他教学、写书、建实验室、奔走于各工厂开展调查研究，使工业心理学的教学和研究在中国得以初步开展。随后因全面抗战爆发，工业心理学研究被迫中止。1939年，陈立应竺可桢校长的邀请,到浙江大学教育系任心理学教授。当时,整个浙江大学正在流亡途中,陈立不失时机地开始考察中国教育的现状。1940年到1947年间,他先后发表了有关教育改革的论文20余篇。同时,为使心理学研究能更快地开展与普及,1941年到1942年间,他曾先后两次去中山大学研究院讲学,帮助开展心理测验工作。在此期间,还应国民政府教育部的要求,为该部计划编撰的《教育大全书》写了20几篇心理学专题文献,内容涉及因素分析、测验统计、工业心理学及心理学流派等,共计10余万字。

20世纪60年代初,根据全国心理学会的科研规划,陈立又带头开展了认识过程发展规律的心理学研究,1965年,他和其他人合作在《心理学报》上发表了《儿童色、形抽象的发展研究》等3篇系列实验研究报告。可是,当时姚文元(化名葛铭人)在《光明日报》上抛出题为《这是研究心理学的科学方法和正确方向吗?》的攻击文章,煽动整个心理学界对陈立的心理学研究工作展开批判。尽管来自各方面的压力非常大,但陈立不畏强权,坚持真理,他当即在《光明日报》上发表《对心理学中实验法的估价问题》予以反驳。这就是心理学界轰动一时的"葛陈辩论"。"葛陈辩论"之后,陈立遭受了许多不公正待遇。而整个心理学界也遭受了彻彻底底的重创:心理学作为"伪科学"被逐出中国科学界的大门。

"文化大革命"结束后,被迫停止的心理学研究得到恢复。虽然陈立此时已是年近八旬的老人了,但他仍怀着激动与喜悦的心情,老当益壮,一心扑在事业上。作为中国心理学会副理事长,陈立十分重视心理学队伍的建设与提高。在 1978 年全国心理学年会上,他提出举办高校实验心理学师资进修班的倡议,并主动承担了在杭州大学心理学系举办第一届进修班的任务。他还十分重视扩大中国心理学的国际影响。1980 年 7 月,陈立任中国心理学代表团团长,率团出席在莱比锡召开的第 22 届国际心理学会议。会议期间,我国心理学会加入了国际心理学联合会。陈立在大会上作了"冯特与中国心理学"的报告,受到国际心理学界的热烈欢迎。会议前后,他们还抽空访问了联邦德国和罗马尼亚。回国后,陈立立即着手创办《外国心理学》杂志,传播中外心理学研究的信息,陈立任主编,他几乎每篇文章都要亲自审阅。刊物供不应求,深受广大心理学工作者的喜爱。1983 年 4 月至 5 月,陈立受联合国教科文组织的资助组团去美国、英国考察工业心理学。回国后,他写了一份长达 40 多页的考察报告,受到国家教委和联合国教科文组织的重视。他利用自己在国际心理学界的声望,经常邀请国际心理学界知名人士来我国访问,为促进国际科学交流做出了贡献。

20 世纪 90 年代初,陈立又把目光转向学校心理学这一应用领域。为了提高社会的重视程度和促进心理学研究与中国实际结合,他把《外国心理学》杂志改名为《应用心理学》。他在《应用心理学》杂志上撰文呼吁加强心理系学生的学校心理学训练,使之毕业后能在各中小学中开展心理咨询与学习指导工作。在当今的条件下,先从普教中的特殊教育做起。他自称"一生是个科普积极分子,从'五四'时期起直至今天",事实亦然。

# 朱智贤

| 提示语： 中国 20 世纪心理学界泰斗，中国现代心理学的奠基人之一，著名的教育和儿童心理学家。

朱智贤（1908 年 12 月 31 日—1991 年 3 月 5 日），字伯愚，江苏省赣榆县（今江苏省连云港市赣榆区）人，心理学家、教育家，中国现代心理学的奠基人之一。

朱智贤 1930 年毕业于中央大学教育系，赴日本任东京帝国大学研究员，抗战开始后回国任江苏教育学院、四川教育学院、中山大学教授及香港达德学院教务长兼中山学院院长，中华人民共和国成立后历任中央出版总署教育组组长、人民教育出版社副总编辑。1951 年调入北京师范大学，曾任教育系主任、儿童心理研究所所长、《心理发展与教育》主编。代表作品有：《心理学大词典》《儿童心理学》。

朱智贤，1908年12月31日出生于江苏省赣榆县赣马镇城里村。朱智贤不仅家境贫寒，而且时运不济，命运多舛。9岁的时候母亲过世，12岁的长兄也夭折了。26岁大学毕业前夕，当地土匪骚扰县城，父亲竟遭匪徒杀害。

朱智贤在小学期间品学兼优，15岁高小毕业，尽管成绩优异，但父亲却执意不让他再升学了，劝他当学徒，学门手艺，父亲说："作为谋生的本事，有高小文化已经足够了，再说继续上中学，家里也供不起呀。"朱智贤深知家庭生活的窘困，但又深爱读书，左右为难之际，他的小学老师知道了，多次登门做他父亲的工作，反复劝告他父亲不要埋没孩子的才华，影响他的前途，最后父亲让步，同意他继续求学。在老师的建议下，朱智贤报考了海州的江苏省第八师范学校，因为这所学校不仅学费和膳宿费全免，而且还发制服，可减轻家庭负担。进入师范学校，这是朱智贤人生路上的重要起点，由此他开始接触儿童心理和儿童教育学科，并对此产生了极大兴趣，从而与儿童教育结下了一生的不解之缘。朱智贤晚年时回忆说："考入师范，从此决定了我一生的命运，当一名教师，一位教育工作者，我一直很喜爱这个工作，因为我体验到为了培养下一代而贡献出自己的精力和才智是光荣的，也是富有情趣的。"

朱智贤以优异的成绩留在附属小学任教。因为教学和科研成绩突出，他于1930年被保送中央大学教育学院深造。在师范学校学习期间，他不仅在儿童、教育刊物上发表文章，而且由上海商务印书馆出版了其处女作——《小学历史教学法》。在附小任教的两年中，他结合教学进行科研，发表了教学论文20多篇，还出版了《小学课程研究》（商务印书馆）、《儿童自治概论》（中华书局）等书。进入大学后，他更加勤奋，发表和出版了多种论文和专著，如《教育研究法》（正中书局）、《儿童教养之实际》（中华书局）、《小学行政新论》（儿童书局）等。在大学四年级

"课程论"的课堂上,任课教授曾把朱智贤的《小学课程研究》列为参考书之一,写在黑板上,引起全班哄笑。当任课教授得知参考书的作者就是班上的学生时,高兴得连称"难得难得"!30万字的《教育研究法》,直到20世纪90年代仍被台湾地区的一些大学的教育系作为教学参考书之一。

1936年春朱智贤辞去山东省立民众教育馆职务,前往日本学习,在东京帝国大学文学部大学院教育学研究室做研究员,在此期间翻译了尹胜俊夫编著的《青年心理与教育》,还编写了《小学研究工作实施法》,并准备攻读博士学位。在日本学习期间,朱智贤开始接触马克思主义著作。1937年全面抗战爆发,朱智贤放弃攻读博士学位,毅然返回祖国参加抗日救亡工作。1938年,年仅30岁的朱智贤成为当时江苏教育学院中最年轻的教授。在这里他开始受到共产党的影响,系统学习马克思主义著作,探索马克思主义教育学和心理学理论。由于参加革命活动,支持进步学生,1941年皖南事变时朱智贤被学校无理解聘。由于战乱,朱智贤四处辗转,颠沛流离,备尝艰辛。他在中山大学执教期间,参加反饥饿反内战的斗争,为进步同学秘密集会谋划并提供场所;掩护被营救的学生去香港;指导学生学习毛泽东的《矛盾论》和《实践论》等著作;发表时事政论文章谴责国民党当局。1947年再度被中山大学反动当局无理解聘。1947年夏,经地下党组织安排,朱智贤前往香港,在党领导下的达德学院任教授。达德学院是朱智贤最早直接在中国共产党领导下工作和生活的地方。这所学院被称为革命的摇篮,源源不断地为内地输送各类人才。当时一大批党内外专家教授聚集于香港达德学院,朱智贤在文史哲系任教,如鱼得水。不久,他又被委以教导主任的重任,得以施展教育管理的智慧和才华。这个时候,朱智贤迈出了他政治生涯的第一步,向党提出入党要求。可惜,不久达德学院就被香港当局封闭。他的崇高愿望,未能实现。

1949年北平和平解放，应中国共产党的邀请，朱智贤和其他进步学者一起从香港到达北京，受到周恩来副主席的亲切接见。1951年，朱智贤因肺病做了肋骨切除手术，身体极为虚弱，不能适应繁重的工作，因此调至北京师范大学教育系任教授，兼任儿童心理学教研室主任。这一时期，朱智贤对苏联心理学在各个领域，特别是儿童心理学和思维心理学各个学派所取得的成果做了大量的研究，可以毫不夸张地说，他是我国心理学界研究苏联心理学的大师之一。1958年由北京师范大学首先发起并迅速波及全国的心理学大批判的论争中，朱智贤教授成了学术争论的关键人物，他是第一位被插上"白旗"，定为资产阶级知识分子的心理学教授。1961年，党为心理学恢复了名誉，朱智贤也得到平反，参加了全国高等学校文科教材编写会议，并被指定负责儿童心理学教材的编写工作。他不顾自己动过大手术、车祸造成尚未痊愈的腿部疼痛，并且患有高血压，年过半百，仍然夜以继日，笔耕不辍，甚至把夫人和孩子都发动起来，帮助誊写书稿。他仅仅用了两个月时间就完成了儿童心理学上册的编写工作，编写下册书稿期间，朱智贤终于支撑不住，不得不住院休养，出院后他尚未康复，就继续拼搏。1962年10月30万字上下两册的《儿童心理学》问世。《儿童心理学》是中华人民共和国成立后的第一本儿童心理学教科书，这是中国第一部贯彻马克思主义观点的儿童心理学著作。这本书吸收了当时国内外的科学成就，并联系中国实际，体现了当时国内儿童心理学界最高的学术成就，曾受到国内外学者的高度评价。

1978年，党的十一届三中全会召开。1979年11月22日，朱老在71岁的古稀之年光荣入党。从1948年在香港达德学院第一次口头申请入党，到1979年在北京师范大学宣誓入党，时间已经过去整整31年，几十年矢志不渝追求的崇高目标终于达成，科学的春天到了，心理学的春天到了。壮士不知有暮年，朱智贤教授入党后的 12 年，是他 83 年岁月中最充实，最光彩，最辉煌的 12 年，也是他对党对国家教育事业贡献最大的 12 年，他说："入党只是我重新迈步的一个起点，我现在所要追求的是，以垂暮之年，为党的事业，再立垂暮之功。"

1979 年，《儿童心理学》修订本由人民出版社出版。1980 年，他主编的《儿童教育心理学讲话》由北京师范大学出版社出版。1982 年，《家庭教育儿童百科全书》获全国优秀科技图书二等奖；朱智贤主编的《儿童心理学教学参考资料》共六个分册 100 万字，由北京师范大学出版社出版。1983 年他承担"六五"规划国家重点科研课题"中国青少年心理发展与教育"的科研任务，组织全国 200 多位儿童心理学研究工作者进行研究，历时 7 年。1984 年，他和林崇德合著《思维发展心理学》，该书于 1986 年出版，1990 年获国家教委颁发的首届教育科学成果一等奖；获准为北京师范大学第一批国内访问学者的指导教师。1985 年，他创建北京师范大学儿童心理研究所并出任所长；创办《心理发展与教育》刊物。1986 年，他领衔主编《心理学大词典》（"七五"规划国家重点课题），1989 年由北京师范大学出版社出版，获第四届中国图书一等奖，北京市哲学社会科学优秀成果特等奖。1988 年，他与林崇德合著的《儿童心理学史》由北京师范大学出版社出版。1989 年，他审阅修改了 100 万字的"中国儿童心理发展与教育"课题的研究报告。

1991 年 3 月 5 日，83 岁的朱智贤教授突然逝世，心理学界一颗巨星陨落。

# 丁 瓒

> 提示语：中国现代心理学家，中国医学心理学开拓者之一，中国心理卫生协会发起人之一。

丁瓒（1910年6月25日—1968年5月15日），江苏南通人。我国著名的心理学家、中国现代医学心理学的倡导者，领导筹建了中国科学院心理研究所。专著主要有《心理卫生丛论》和《青年心理修养》，译著有《青年心理学》。

丁瓒，字慰慈，1910年6月25日出生于江苏省通州城钟楼西侧一条小巷中的一户贫民家庭。独特的地理位置促成通州水陆交通发达，工商贸易繁荣，新思潮纷至沓来。丁氏家族虽居于城中，但已家道中落，日渐贫困。母亲田氏靠给邻旦做手工杂活、为商家糊火柴盒挣钱维持生计。在拮据的条件下，丁瓒的父母艰难地供他读书。少年时的丁瓒十分珍惜这来之不易的机会，刻苦向上。他经常是在一盏油灯微弱的灯光下，伏案而坐，学到深夜。

1927年的中国，波谲云诡，风云激荡。汹涌澎湃的时代潮汐，将求索国家前途的先行者们，推向瞬息万变的人生选择洪流中，从此他们或腾入云端，或沉下泥土，前赴后继，风雨苍黄。就在这一年，大革命处于低潮，丁瓒经刘瑞龙介绍加入中国共产党。在恽子强（恽代英之弟）的领导下，丁瓒与刘瑞龙、顾民元、江上清等人组织成立中共在南通的第一个党支部——"革命青年社"，继续在学生中开展革命活动。当时，代师校内西南角有三间琴房，成为党、团支部长期开展秘密活动的地方，他们经常在那里召开秘密会议，围绕中国革命向何处去这个问题展开热烈地讨论，这一时期丁瓒发表了40多篇评论文章，抨击国民党反动派，激浊扬清，为民呐喊。1930年，丁瓒加入左翼作家联盟。

1931年，丁瓒来到南京，就读于中央大学（今南京大学）心理学系。毕业后，他来到北平协和医学院脑系科读研究生，并留校任教，成为中国正式开设临床心理学课程的第一人。丁瓒月薪一百大洋，那时，一个大洋可以购买300个鸡蛋，或者供一人全月食用的米面，然而心系国运变迁的他，没有沉醉在这份富裕稳定中。抗战时期，丁瓒毅然奔赴长沙会战前线，参加中国红十字会救护总队，医治、照料抗日伤病员，废寝忘食，全力以赴。

1937年，丁瓒与南通的未婚妻舒维清在北平完婚。在北平私立协和医学院任职期间，他在北平市立第一卫生事务所，北平私立育英中学和北平仁立地毯工厂等处创办心理卫生咨询门诊，正式开始了心理卫生的门诊工作。1942年，丁瓒来到重庆。身为中央卫生实验院心理卫生室主任的丁瓒，仍心怀中国社会成千上万有着心理苦难的同胞。丁瓒清醒地认识到,心理疾患不是一代人的不幸,而是几代人的悲剧,不是一家一姓的事情,而是整个社会的问题。

1957年丁瓒与夫人舒维清在北京

为了达到心理卫生"保持人类健全心智"的积极目标,让民众认识到心理疾病的危害性,宣传、教育工作的紧迫性与必要性不言而喻。丁瓒通过演讲,将心理卫生的科普知识通俗介绍给社会。他的言论风采倾倒一时,撞击着人们的灵魂,在青年中影响广泛。

由于当时中国社会的差异性和剧烈变动,人们的心理适应出现严重困难,以致心理病态和行为失常现象遍及社会各阶层。丁瓒特别寄语现代之中国青年,但由于中国因袭千年黑暗现实的不合理,丁瓒担负的沉重,奋斗的艰苦,可想而知。如果年轻人也把周围多数人不遵守规则,缺乏诚信,无视丑陋,不知羞耻,当作比照放任的借口,如此一代代下去,不仅自己的病态心理日趋严重,社会环境的改造更是不可能。杜绝这些现象绝不是只靠空洞的牢骚和孤独的悲愤，还得共同努力，从自身做起，克服心理阴暗倾向，从不良状态中解放出来。

抗日战争胜利后，丁瓒回到南京，继续在中央卫生实验院工作，并开设心理卫生门诊部，这一时期，丁瓒编写了《青年心理修养》，并于1946年1月在南京出版。该书是我国最早专门论述青年心理问题的著述。

1947年，丁瓒赴美国芝加哥大学心理学系和麦克理斯医院深造。这位中共南方局干练的地下工作者，数年来受到周恩来的直接领导。周恩来熟悉他，器重他，将联络海外华人科学家的重任交付给他。丁瓒不负所望，穿梭于纽约、华盛顿等城市，卓有成效地组织、领导了"留美中国科学工作者协会"，走近知识分子和留学生，了解他们的忧思，邀请他们回国参与建设新中国。

1948年8月，丁瓒赴伦敦参加国际心理卫生大会。时任世界科协中国理事的他，随后又遍访巴黎、日内瓦和哥本哈根等欧洲多地，一边考察心理学研究与临床，一边开展科学文化界中国留学生的统战工作。

外派期间，他亲力亲为，以热忱的态度和朴素的情感打动对方，获得信任，终于使以李四光为代表的一批著名科学家，以及日后参与"两弹"、航天等系列壮举的学术带头人相继归来，为新中国科学事业积累人才做出了独特贡献。

1949年6月，中共中央正式决定由陆定一负责筹建中国科学院，恽子强、丁瓒协助。建立中国科学院是中国共产党基本夺取全国胜利后，中共中央尚未进入北平前做出的战略决策。丁瓒曾任中国科学院党组副书记、代书记，成为在第一线决策、指挥、协调的主要负责人。他呕心沥血，辗转于众多机构进行动员、座谈、征求意见；邀请竺可桢、严济慈、钱三强、曹日昌等科学家参加中国科学院的日常行政工作，并给予他们全力支持。

1949年春，钱三强曾向丁瓒提出申请20万美元巨款，赴法购买科学仪器，启动原子能研究。他当即电报请示中央，很快便得到周恩来批准前期拨付5万美元现金的批示。这项"新中国第一笔科学外汇"，表明了中共中央对发展科学事业和建立中国科学院的重视，令钱三强十分感动。此后，丁瓒在秘密的情况下，多次主动接受建议，并及时准确地向中央反映，对中国原子弹事业的发展，起到推动作用。

丁瓒知识广博，待人谦和，科学、文艺界朋友众多。20世纪50年代初期，尽管工作繁重，但丁瓒还是度过了一段心情愉快的时光。北京人民艺术剧院对面是丁瓒居住的地方，几进的院子，有一个大花园，经常高朋满座。老舍、郭沫若、茅盾等艺术家，常常造访丁宅，在庭院里一边品茗吃东西，一边交流创作。文扬意向远，墨映心曲深。丁瓒和郭沫若、茅盾周末共聚时，谈到兴致盎然时，便展纸研磨，提笔挥毫，以每人一行的方式，对诗赋词，交替成文。谈笑评骘中，横竖撇捺间，隐隐涌动的炎黄风烟，从历史的时光雨巷里轻轻拂来。

1953年，丁瓒受到不公平对待。茅盾第一个上门送来亲笔手书的屈原名篇《九歌·天问》，李四光数次仗义执言，提出要向周恩来上书替丁瓒甄别。丁瓒感谢之余，劝慰道："总理忙于国家大事，不要为我个人小事打扰。我的功过，历史会做出结论。"每次离别时，李四光与丁瓒总是久久握手，难舍难分。李四光深情地表示："我是收到周总理和你的消息才回来的。"温馨的往昔，重上心头，那份虽关山阻碍却呼吸相通的融合令他们难忘。两人一路同行于变革岁月，襟怀坦荡，不染尘埃，意气相知，正气相敬，体现出中国知识分子间友谊的力量。

1968年5月15日深夜，中国杰出的心理学家丁瓒被迫害致死。丁瓒的逝世是我国科学界和心理学界的一个重大损失。1980年，中国科学院党组为丁瓒的冤案平反昭雪，恢复了他的名誉，1981年，心理学报编辑部特撰文悼念他。文中肯定了丁瓒在中国心理学事业发展进程中的重要地位,为中国科学院的建立做出了积极贡献。文中还指出,丁瓒同志是我国医学心理学的创始人之一,著述很多,对发展我国医学心理学和宣传心理学起了很大作用。

# 曹日昌

> 提示语：中国现代实验心理学的代表者，中国辩证唯物论心理学早期的倡导者之一。

曹日昌（1911年1月11日—1969年3月14日），中国心理学家。1911年生于河北束鹿（今辛集市），1932—1935年就读于清华大学心理学系，1948年获英国剑桥大学博士学位，1969年卒于北京。他是最早应用唯物辩证论于心理学研究的倡导者之一，主张心理学应以马克思主义认识论为指导，研究依赖于社会实践的心理现象的普遍规律，一生致力于用宇宙事物的运动发展中三条普遍法则（矛盾统一律、质量互变律和否定之否定律）解释心理现象和心理学的发展，对中国的心理学发展起到了极为重要的作用。

曹日昌，1911年1月11日出生在河北省束鹿县曹家庄的一个中农家庭。祖辈及父兄均务农，父亲读过几年书，可写春联、书信，计算田亩、账目，对自己终生务农很不甘心，总是鼓励曹日昌读书上进。1918年曹日昌进入本村初级小学，后又进入宁晋县北圈村高级小学，学习非常努力。1925年曹日昌考入河北省冀县中学，在中学的后两年受到两位教师的影响。一位是国文教师，经常向学生介绍新文艺，如叶绍钧、谢冰心的作品等，因受其影响曹日昌曾立志要做文学家，阅读了不少文学作品。另一位是历史教师，常常向学生讲一些中国要革命的道理，这也深深地影响了曹日昌。

中学毕业后曹日昌考入北平师范大学，在预科的两年里，爱好文学和心理学。这时，他和同学一起合办了《芳草》小刊物。1931年升入本科教育系时，正逢"九一八事变"，这激发了他的爱国热情而参加学生运动。

1932—1935年曹日昌由北平师范大学转学至清华大学心理系学习，他发奋读书，除上课外就在实验室进行心算问题和白鼠颜色感觉的两项实验研究。1934年他总结了中国有关珠算教学的文献资料，写出《二十年来国人对于珠算的研究述要》，还撰写了一本《珠算教学的研究》（1937年出版）。这个时期，他效法德国心理学家艾宾浩斯以自己既做主试者又做受试者，持续3年进行了有关心算（乘和除）的工作效率方面的实验研究，1935年用英文写成实验报告作为他的毕业论文，这篇报告后来节译为《十二小时继续心算工作之工作效率的实验研究》一文，于1937年发表。

1935年曹日昌于清华大学毕业，经该校心理学教授周先庚（时任平民教育促进会教育心理部主任）介绍，在平民教育促进会做研究生，并在周先庚指导下，从事成人学习的心理学研究。这一时期曹日昌对美国著名的学习心理学家桑代克的工作，特别是对桑代克的学习心理学说及其实验材料与方法进行了详细的分析研究。曹日昌认为,对学习心理学的理论研究和应用研究,因两者目标不同,方法有别,应暂时分开,但又必须密切配合。1936年发表《桑代克学习心理的分析研究》一文,他在批评了桑氏的理论后,提出了研究工作要结合实际生活应用的观点。

1936—1937年,曹日昌在定县做了许多心理测验,如定县平民学校毕业生再测验,该测验是对定县平民学校毕业生再测验以测验其接受文字教育后的保留能力,也就是要考核文字教育的效果,要经过相当时期后再考核其学习成绩,尤其是学得的文字的保留。所谓再测验就是召集平民学校毕业生再举行一次测验,测验的方法材料与毕业测验时所用的完全一样。最后曹日昌完成了《定县平校毕业生再测验统计报告》,中英文各一本,于1936年发表。此外,他在定县的小学中试用了澳大利亚心理学家斯坦利·戴维·鲍德斯的迷津测验,并于1937年发表了一篇题为《适用鲍德斯迷津测验初步报告》的研究报告。

1939年起,曹日昌开始提倡把辩证唯物主义作为研究和建立新心理学的方法,用辩证法则解释心理现象和心理学的发展,撰写了《新心理学方法的建立》《心理现象中的辩证法则》和《心理学的辩证法的发展》等文章。这个时期,曹日昌还写了很多篇通俗性的文章,以"教育心理学讲话"为题,宣传和普及心理学知识。

1941—1945年,他在昆明西南联合大学哲学心理学系工作,主要是读书和教课,并在一些进步学生和教授的影响下,参加了进步的社会活动。1945年11月曹日昌到达英国进入剑桥大学心理系做研究生,一心读书和研究,3年后顺利通过博士论文考试。他的博士论文是《学习与记忆中的时间间隔》(1948年)。1945年冬,在英国留学的曹日昌参加英国共产党的剑桥地方组织,1947年由陈天声和刘宁一介绍,加入中国共产党,并于

1948年转为正式党员。也是在1947年，曹日昌认识了同在剑桥大学学习英语语言学的荷兰人色尔玛（1921—1968年），同年12月17日，两人在荷兰阿姆斯特丹结婚。1948年，在剑桥大学毕业后，同年8月曹日昌夫妇由英国到香港，曹日昌成为香港大学公开招聘的第一位全日制心理学教师。同时，他也在国内科学工作者协会香港分会工作，联络争取在国外的科学技术人员回国。1949年至1950年上半年，回国的留学生很多，大都是由曹日昌经手办理的，如亲手办理了我国著名科学家钱学森等回国的有关工作。1948年至1950年间，曹日昌从事关于分配与集中学习的实验研究，对学习和记忆中的时间间隔问题，做了详细系统的探索，堪称我国早期有关学习和记忆实验研究的典范。

1950年，曹日昌到北京后，任中国科学院心理研究所筹备处副主任，同时作为负责人之一筹建中国心理学会。20世纪50年代末，曹日昌继续从事记忆研究，在他发表的《关于心理的生理机制和大脑机能的研究综述》一文中，总结了关于人脑和心理的生理机制的研究的基本情况，归纳了当时国际上关于心理的生理机制和大脑反应机能的主要研究内容，重点阐述了学习记忆的生理机制，提到了当时有关大脑海马部位与记忆关系的最新研究。

1951年，中国科学院心理研究所成立，曹日昌兼任所长；1956年，曹日昌担任心理所研究员兼副所长，全力从事心理学研究和科研组织工作。他对心理研究所的成立和中国心理学会的重建都付出了心血。在心理所期间，曹日昌主要负责领导开展有关感知觉心理、劳动心理、航空心理和工程心理等方面的研究。此外，曹日昌还联系全国各个设有心理专业或课程的高等院校，团结全国广大的心理学工作者，制定中国心理学研究发展的远景规划，开展大规模的协作研究，学习国外有关心理科学和巴甫洛夫高级神经活动学说，改造旧心理学，推动心理学的研究工作朝既广泛又深入的方向发展。他亲自带头并组织同行翻译和撰写有关心理科学的专著、论文,并筹划出版的有关事宜。

在心理学教科书建设方面,曹日昌也做出了很大贡献,特别体现在由他主编并于1963年出版的《普通心理学》教科书。另外,曹日昌还翻译了艾滨浩斯的《记忆》,与他人共同翻译了美国心理学家武德沃斯(R. S. Woodworth)与施洛斯贝格(H. Schlosberg)合著的《实验心理学》,为我国心理学工作者了解、学习国外的心理学研究做出了杰出贡献。

曹日昌一贯坚持和维护心理学的正确研究方向和理论观点,为纠正1958年心理学界开展的所谓"资产阶级心理学批判运动"的错误,曹日昌发表了一系列有关心理学基本理论的论文,使心理学研究回到正确的方向上来。在"文化大革命"前夕,他顶住极"左"思潮对心理学的袭击,抵制姚文元对心理学研究的诬蔑和破坏,因此,在"文化大革命"中遭到迫害,被错误地扣上"走资派""反动学术权威"等大帽子,受到错误的审查、批判和斗争。1968年,曹日昌的夫人色尔玛不堪迫害,不幸身亡。1969年3月14日,曹日昌因肝癌不幸逝世。"文化大革命"结束后,曹日昌得到平反昭雪,1978年6月10日在北京八宝山革命公墓举行了骨灰安放仪式。

2001年,时任中国科学院心理研究所研究员的赵莉如撰文纪念曹日昌先生90周年诞辰,向曹日昌表达深切怀念之情和崇高的敬意。文章指出:"今年新世纪伊始,2001年1月11日是我国著名心理学家曹日昌先生诞辰90周年纪念日。"文中总结回顾了曹日昌先生的主要贡献。指出,"曹先生是新中国建立后心理学界的主要领导人之一。他的工作也可以说是从1950年到1956年我国心理学历史发展过程的真实见证和具体写照,我国心理学的建设倾注了他毕生的精力和辛勤血汗的灌溉,他给我们留下诸多启示,他的论文和著作、译书是留给我们的一笔无价的心理学财富，将永远为我们提供经验和借鉴。"

曹日昌的学术观点在《普通心理学》一书中得到充分的体现：

①心理现象是客观事实的反应。人的心理活动，是客观事物作用于人所引起的人的高级精神活动，是脑的反射活动。②心理学的基本任务是研究心理现象的规律，主要是研究心理活动的过程及其机制、心理过程和心理特征的相互关系等多方面的规律性。③心理学的理论基础和研究原则是辩证唯物主义。④心理的生理机制包括心理现象的反射机制、刺激过程、中枢神经过程及效应过程。⑤影响心理的因素一般包括感觉、知觉、注意、记忆、思维、言语、情绪和情感、意志、技能、能力、气质、性格。

曹日昌认为心理学研究的基本方法，同其他一切科学的研究方法一样，是观察和实验。观察是了解已有的情况，进行分析，找出规律；实验是控制和改变条件，促使一定的现象产生，进行分析研究。观察有直接观察和一般调查，实验有自然实验和实验室实验。

·第三部分·
# 心理学史话

心理学是一门古老而又年轻的学科。心理学的历史大致可分为两个时期：一是哲学心理学时期，大约从公元前6世纪至公元19世纪中叶，包括古代、中世纪、近代（文艺复兴时期及17—19世纪上半期）该时期主要是对心理问题的探讨；二是科学心理学的创建和发展时期，从19世纪后半叶至20世纪七八十年代，该时期包括科学心理学孕育的时代背景、诞生及其后来的学派纷争，直至逐渐走向学派融合的当代心理学。

# 第一编　外国心理学史

## 一、古代西方哲学心理学思想

心理学思想源远流长，可以追溯至古希腊时代。古希腊早期有很多探索自然本原和人类本性的哲学流派，比如米利都学派、毕达哥斯拉学派、爱菲所索学派、爱丽亚学派、原子论学派等。古希腊繁荣时期的哲学心理学流派也在不断孕育和扩张，对心理学发展影响较大的古希腊哲学家是柏拉图和亚里士多德。

柏拉图（公元前427—前374），苏格拉底的学生。柏拉图认为人类社会可以分为"现实世界"和"理念世界"。现实世界是一个外在的物与影的世界，理念世界是数量的、本质的和自然规律的世界，也称内在的"概念"世界。他认为事物是可以认识的，事物的本质只有灵魂才能认识。人类灵魂是有等级的，灵魂可以净化。柏拉图在他的《理想国》中将人分成三种等级（奴隶除外），即哲学王，武士和劳动者。和人的等级相适应，心理上也分三种：最高级是理性，在头部，相当于哲学王的灵魂；勇气、意志在胸部，相当于武士的灵魂；最下者为肉欲，在横膈膜之下，相当于劳动者的情欲。理性命令意志管理情欲，相当于哲学王命令武士统治人民。正常、健康的人就是能按灵魂等级各司其位，安分共事的人。这是欧洲史上最早的知、情、意三分法。

柏拉图将情感分为愉快和不愉快两种。凡是合乎自然方向和运动目的的事物或行为就使人感到愉快；反乎自然的则感到不愉快。意志是因需要引起要求满足的运动；灵魂中和就是欲望得到满足。记忆是感觉在灵魂中的保存。记忆也靠联想活动,并从日常观察的体验中提出联想的接近律和相似律。

亚里士多德(公元前 384—前 322),柏拉图的学生,他所著的《灵魂论》被认为是历史上第一部论述心理学的专著。但这里所谓的灵魂是指生命的原则和生活的动力,而不单指主观的心理过程。在他看来,心理学是一门自然科学,并以生物学为其理论基础。在灵魂的结构上,他主张知、意两分法,并认为人的灵魂是单一的、不可分的,是以整体发挥作用的。但他认为,心理功能应分为认知功能和欲动功能两种。认知功能包括感觉、记忆、思维等过程;欲动功能包括感情、欲望、意志、动作等过程。亚里士多德的学说流行很久,对后来欧洲中世纪和近代心理学的发展有着重要的影响。

亚里士多德在《灵魂论》等著作中,比较全面地论述了感觉的定义、功能和分类,他把感觉分为两大类,即特殊感觉和共同感觉。特殊感觉包括视、听、嗅、味、触 5 种具体的感觉。共同感觉包括时间、形状乃至记忆、想象、睡眠和梦等意识活动。亚里士多德是古希腊繁荣时期最后一位伟大的哲学家、思想家,一位百科全书式的学者。他的心理学思想初步确立了心理学的知识体系。亚里士多德以后,古希腊哲学的伟大时代就告结束。从此,古希腊晚期以及古罗马时期的哲学与科学,失去了往日的自信和创造,也不再大气与恢宏。这个时候哲学心理学分为斯多亚学派、伊壁鸠鲁学派、新柏拉图学派以及古罗马宗教哲学。

文艺复兴时期,古希腊和古罗马时期的传统文化渐渐回归并得到复兴,心理学思想也得到了多元化的发展。

## 二、近代西方哲学心理学思想

17 世纪法国的理性主义以及 17—18 世纪英国的经验主义,对近代西方哲学心理学思潮产生了重要影响。

(一) 理性主义心理学思想

理性主义心理学强调理性知识在认识过程中和科学发展中的重要作用。理性主义先驱人物主要是英国的弗兰西斯·培根和法国的笛卡儿。

弗兰西斯·培根（1561—1626年）。英国近代哲学家和科学家，科学的实用主义和现代概念的奠基人，现实实验科学的真正鼻祖。培根反对论证或解释宗教神学的经院哲学，主张用归纳法研究自然界。他广泛收集各种经验材料，以实验和观察为基础，进行理性的分析，找出事物的规律。对以后的经验主义心理学影响很大。培根是经验主义心理学的思想先驱。

勒内·笛卡儿（1596—1650年）。法国哲学家，近代西方哲学心理学的创始人之一。他贬低感觉经验，抬高理性能力，相信人有"天赋观念"。他认为，认识就是靠理性的直观去发现"清楚明白"的天赋观念。笛卡儿是个二元论者，认为身和心是两种截然不同的本原：人的身体像一部机器，其结构和行动均可用机械原理来说明，于是他提出了反射的概念；而心是自由的，是感知、思维和意志的主体。他认为，身和心可以互相影响，即所谓身心交感作用，身心交感地点是脑内的松果体。

理性主义代表人物有斯宾诺莎、莱布尼茨、沃尔夫、康德、赫尔巴特、鹿宰等。其中最著名的是赫尔巴特。赫尔巴特认为心理学是以形而上学、经验观察和教学手段为基础的独特的科学。理性主义是科学心理学的理论先驱。

(二) 经验主义心理学思想

经验主义认为，人的感觉经验是知识的可靠来源，科学研究成功的途径是观察和试验。经验主义表现为两种学术形态：一是联想主义心理学，二是感觉主义心理学。

联想主义心理学产生于英国，最突出的特点是将联想的本质、特征和规律等展开系列的研究。主要人物有霍布斯、洛克、贝克莱、休谟、里德、哈特莱、布朗、穆勒父子、培因，等等。

洛克（1632—1704年）。英国唯物主义哲学家，经验主义心理学的主要创立者。洛克反对笛卡尔的"天赋观念"，提出了著名的"白板说"。他认为人的心灵犹如"白板"，上面没有任何痕迹，一切观念认识都是从后天感觉经验中得来的。他把观念分为由感觉得来的和由反省得来的两种，并认为由感觉和反省得来的观念最初都是简单观念，许多简单观念通过心灵的结合而成为复杂观念。洛克第一次提出并使用"联想"的概念。洛克对人类的知觉也做了研究，他认为，深度知觉和距离知觉是人们依据客观条件因素和心灵因素得来的，客观条件因素比如光亮和阴影，心灵的因素比如无意识的判断和推理。这为后来实验心理学的知觉研究提供了重要启示。

哈特莱（1705—1757年）。哈特莱反对洛克的反省说，承认感觉是认识的源泉。在身心关系上，哈特莱虽然是一个平等论的二元论者，但是具有鲜明的唯物主义倾向，他用神经的振动解释心理现象。他还认为，观念和感觉的区别，并不在于观念的相应振动小于感觉的相应振动，而在于观念的振动最初是由神经内振动所引起、并永远存在于脑中。在联想主义心理学上，哈特莱也是一个正式的建立者，哈特莱十分重视联想的作用，并坚持用联想来解释各种心理现象。他认为联想有两种：同时性联想和相继性联想，认为传统的三大联想规律均可归结为一个规律，即接近律。哈特莱认为接近律是联想的根本规律。除此之外，哈特莱又提出了三条次要的联想律。哈特莱认为，不仅感觉、观念会互相联结，感觉与运动，观念与运动，运动与运动，都会互相联结。总之，一切心理现象都是联想作用的结果。并且哈特莱用神经振动说来解释联想的生理基础。

休谟（1711—1776年）。欧洲唯心主义经验论的心理学思想家。主要著作有：《人性论》（1739—1740年）《人类理智研究》（1748年）以及在他去世后出版的《论灵魂不死》等。休谟从唯心主义经验论的观点出发，把世界的一切都归结为主观现象或经验，并且强调知觉是哲学心理学思想研究的唯一对象。他认为："除了心灵的知觉或印象和观念以外，没有任何东西真正存在于心中。"其次，休谟对联想的形成和原则做了分析，把联想的形成归结为两种情况，其中一种是由简单观念联结成的复杂观念。在他看来，联想的形成有三条法则：相似律、时空接近律和因果律。

理性主义和经验主义对人性的解释不同。这两个哲学思潮对以后科学心理学的发展，从内容上到思想方法上都产生了极大的影响。

感觉主义心理学发源于英国，在法国占据主导地位，法国感觉主义心理学具有明确的唯物主义立场和观点。代表人物有拉·美特利、孔狄亚克、爱尔维修、狄德罗、霍尔巴赫。

狄德罗（1713—1784年）。狄德罗认为，世界是物质的，物质是运动变化的，物质的运动变化可以带来感觉和意识的变化。他提出，思维是物质高度发展的产物，是人脑的机能，人脑是感觉、思维的中枢。

## 三、现当代西方科学心理学思想

（一）科学心理学产生的历史背景

心理学经过两千多年在哲学内部的长期发展，到了19世纪中叶以后，哲学已经为心理学积累了不少概念和理论，自然科学的发展为心理学准备了科学的物质知识和研究方法，心理学已经具备了成为独立科学的条件。

1879年，德国著名心理学家冯特在德国莱比锡大学创建了第一个心理学实验室，开始对心理现象进行系统的实验研究。在心理学史上，人们把这一事件，看作是心理学脱离哲学的怀抱，走上独立发展道路的标志，也意味着科学心理学的诞生。冯特因此被称为"心理学之父"。学术界公认，冯特是科学心理学的创始人。他对科学心理学的贡献主要有三个方面：

第一，冯特开创了心理学成为一门独立的实验科学的历史。他在海德堡大学任教的10年间，集其研究成果，于1874年出版了《生理心理学原理》。该书被生理学界和心理学界推崇为不朽之作，堪称学术史上心理学的独立宣言。1879年冯特在莱比锡大学创建了世界上第一个心理学实验室。对于这两项历史性贡献，墨菲评价道："在冯特出版《生理心理学原理》与创立实验室以前，心理学像个流浪儿，一会儿敲敲生理学的门，一会儿敲敲伦理学的门，一会儿敲敲认识论的门。1879年，它才成为一门实验科学，有了一个安身之所和一个名字。"

第二，他是科学心理学诞生后第一个心理学派的奠基人。冯特认为，心理学的研究对象是直接经验，心理学的研究方法应主要采用实验内省法，心理学的任务是用实验内省法分析意识过程的基本元素及其合成复杂心理过程的规律。他认为，最简单的心理元素是感觉和感情，所有复杂的心理都是由这两类心理元素综合（像化学元素的化合那样）而成的。他的这些思想为他的忠实弟子铁钦纳所继承，并发展成为科学心理学诞生后的第一个学派——构造主义心理学派。

第三，他培养了一支国际心理学专业队伍，这对以后心理学的发展有着广泛和深远的影响。冯特的心理学实验室吸引了来自世界各地的学生，他们研究感觉、知觉、注意、反应时间、联想等。来自各国的学生学成回国后，将科学心理学的研究方法带回各地，他们中间有的继续宣传冯特的思想，有的创建新的心理学实验室，有的重新建立自己的心理学体系，相当部分的学生后来都成为本国心理学发展的先驱。

此外，冯特在情绪、实验精神病理学和民族心理学等方面也有重要的贡献，对以后这些领域的发展有深刻的影响。

冯特及其弟子主张研究意识的结构，并由此诞生了心理学的一个学派——构造主义学派。但该学派不久就遭到反对，这种反对逐渐演变为百家争鸣、学派林立的局面，形成了一系列心理学经典流派。

（二）西方主要的心理学流派

19世纪末心理学独立以来，伴随实验方法的广泛运用，心理学研究的新成果、新理论不断涌现，围绕着心理学的对象、任务、方法等方面展开了激烈的争论。由此，出现了一系列心理学派别。

1. 构造主义心理学

构造主义心理学是由冯特的弟子铁钦纳（1867—1927年）创立的，铁钦纳原在英国牛津大学学习哲学与生理学，后因仰慕冯特，专程赴德国莱比锡大学研究。获得博士学位后，铁钦纳赴美担任康奈尔大学教授，并开设心理学实验室。冯特的这位学生在某些观点上不同于其老师，但整个体系在方法、内容和精神上完全继承了冯特的研究。

（1）构造主义心理学的基础。

构造主义心理学认为，心理学的研究对象是意识经验，构造主义心理学的基础包括经验主义。同时，构造主义心理学还表现出柏拉图和亚里士多德的联想主义的特点，并以感觉为心理学研究的起点，把感觉视为心理学的基本元素，研究心理经验的构成元素及结合的方式与规律，主张心理学应该使用实验内省法。所以构造主义心理学派带有实证主义的意识。

（2）构造主义心理学的体系和方法。

它强调心理学是一门纯科学，研究对象是人的经验，把经验分为独立经验和依存经验，其基本任务是理解正常人的一般心理规律,而不重视心理学的应用。

(3) 构造主义心理学的具体研究。

构造主义心理学的研究课题主要包括注意、联想以及情绪和情感,铁钦纳对注意这一问题研究最多,他认为注意是感觉清晰性的表现,是由新异刺激引起的,他将注意分为被动的注意与主动的注意,有意的注意和无意的注意以及初级注意和次级注意等类型。初级注意是第一个阶段,是不由自主的不受控制的注意,次级注意是第二个阶段,需要意志力来维持的注意。注意的第三个阶段是注意主体对注意对象产生兴趣,不需要意志力控制,而且可以恢复到初级注意。铁钦纳将情绪和情感分为三类:情感、情绪和思想情感。情绪由情感组成,思想情感属于最高水平。

(4) 构造主义心理学的主要贡献和优缺点。

构造主义是第一个从哲学分化出来的心理学派,推动了其他心理学派方法的产生,并且用严格控制的内省法将科学的客观性和精确性引入了心理学。但它过分限制了心理学的研究领域,将心理学的任务主要局限在对意识元素的分析上。对其他心理学分支产生了一定的阻碍。同时,构造心理学研究方法单一,过于强调内省,使心理学不能完全脱离思辨。

2. 机能主义心理学

机能主义心理学是近代心理学发展中与构造主义心理学相对抗而形成的心理学派,其代表人物有詹姆斯(1842—1910年)、杜威(1859—1952年)、安吉尔(1869—1949年)等。

(1) 机能主义心理学研究的对象和内容。

机能主义心理学主张心理学的目的不是为了把心理分解为一些元素,而是应当研究人在适应环境中心理的机能作用;认为心理学应该把有效用的心理过程而不是静态的心理内容作为研究对象;反对把心理学看作是一门纯科学,重视心理学的实际应用;反对把心理学局限于正常人的一般的心理规律,主张把心理学的研究范围扩大到动物心理、儿童心理、教育心理、变态心理、差异心理等领域。机能主义的理念，与英国哲学家洛克的经验主义和生物学家达尔文的进化论思想有关。但是它对以后心理学的发展影响较小。到20世纪20年代以后，这个学派便由新兴的其他学派所取代。

（2）桑代克机能主义心理学思想。

桑代克（1874—1949年）是动物实验的首创者，他最出名的实验是迷箱实验，他把一只饥饿的猫放在一个笼子里，猫看得见笼子外放的一些食物，在笼子的上面放一个装置，当猫触动了这个装置，笼子的门就会自动打开，猫就会吃到外面的食物。起初猫是乱抓乱撞，经过多次尝试，猫在笼子里的成功的动作被保留下来，无效的动作逐渐减少，猫打开笼子吃到食物的速度也越来越快。桑代克的实验取得了重要成果，他以该实验完成了博士论文，而且在他动物实验的基础上，建立了他的学习和教育学基础。

桑代克提出了三条学习规律：练习率、效果率和准备率。练习率：桑代克认为，学习是刺激和反应的联结，重复可导致联结的加强。后来的实验又发现，要想提高练习的作用，简单的重复是不够的，练习者必须得到练习结果的反馈信息。效果率：桑代克根据小鸡跑迷津的实验得出了惩罚对小鸡跑迷津并没有明显的影响，不会减少错误的反应，而奖赏能够强化正确的反应。准备率：是指学习者在学习开始时的预备定势。当某一刺激与某一反应准备联结时，给予联结就引起学习者的满意，反之就会引起烦恼。桑代克还认为学习迁移的产生在于两者之间存在着共同的因素或成分，而且共同成分越多，迁移的可能性就越大。

（3）詹姆斯心理学思想。

詹姆斯（1842—1910年），出生于美国，一生出版和发表了很多对哲学和心理学有重要意义的著作和论文。他的著作立意清晰，语言通俗，贴近美国人的生活，在美国影响较大。詹姆斯将心理学定义为研究心理生活的现象及其条件的科学。

詹姆斯最具影响力的学说是意识流学说。他认为，人的心理和意识是连续的整体。意识是私人的，是变动不居的，是一个变化的过程。意识处于经常变动而永不中断的过程，詹姆斯特别强调意识的特殊性与变化性，相对忽视意识的共同性与稳定性。

詹姆斯对自我概念也做了较为详尽的阐释，他认为自我不是一个单独的实体，将自我分为客体自我和主体自我，客体自我是自我觉知、自我观察、自我评价的对象。主体自我是客体自我的觉知者。客体自我是不断变化的，在通常情况下，主体自我始终具有连续性，但这种连续性有时也会出现问题，如多重人格就是主体自我连续性的解离。

詹姆斯心理学思想的重要部分还有对习惯和本能的研究。他认为人的大多数习惯是在早期生活中形成的。本能受习惯的抑制，具有可变性，而且受心理活动的调解。

詹姆斯是机能心理学的思想先驱，他反对元素主义和构造主义，将进化论的适应性引入心理学；强调心理活动，变静态心理学为动态心理学。詹姆斯的实用主义为机能主义发展为应用心理学提供了哲学基础。它提倡一种自然与开放性的朴素现象学方法，对意识进行了真实的描述，从不同方面促进了人格心理学、变态心理学、医学心理学等的产生和发展。詹姆斯心理学基础的局限主要是具有主观唯心主义、外在目的论、神秘主义和生物主义的倾向，以及他的理论和方法缺乏一致性。

（4）高尔顿心理学思想。

高尔顿（1822—1911年），出生于英国伯明翰，是达尔文的表弟，他研究人类的适应性行为及个体差异。高尔顿主张遗传决定论，认为人的自然能力是由遗传决定的。他明确指出人的自然能力来自遗传，连续几代的优良的婚配，就会养育出具有很高天赋的后代。高尔顿的研究忽略了环境和其他社会因素的作用，陷入了遗传决定论。他的生物遗传论走向了极端，产生了不良的社会影响，比如种族歧视，这成为第二次世界大战法西斯屠杀犹太人的理论借口。

高尔顿对个别差异做了系统和深入的研究，他曾研究过意向、联想和记忆的个体差异，发现大多数人都能形成清晰的意向，女性的意向好于男性。他用英国的联想主义解释记忆，首创了智力理论，将智力分为一般因素和特殊因素。高尔顿发明和设计了许多心理实验、问卷以及测量仪器工具，丰富了心理学研究方法。

（5）杜威机能主义心理学思想。

杜威（1859—1952年），是美国著名的心理学家，也是著名的哲学家和教育学家。杜威传播发展了实用主义，作为教育学家，他是"进步教育"运动的先驱，他的心理学、哲学和教育学思想在美国以及世界范围内产生了广泛的影响。

杜威的实用主义在广义上也被称为工具主义，认为人的思想、观念和理论都是人的行为工具。因此，他把人的心理、意识和行为看成是一个机能整体，是有机体适应环境的一种工具，所以心理学的研究对象是完整动作的机能。

杜威的教育思想基本原则是"做中学"，认为应该尊重个体，允许学生参与教育的过程，教育的目的不是传授知识，而是培养学生发散思维的能力。他强烈反对死记硬背的学习方法，杜威的教育观点对美国和其他国家的教育理论和教学实践产生了深刻的影响。

（6）机能主义心理学的贡献和优缺点。

机能主义心理学被吸纳入主流心理学之中，其哲学基础是实用主义哲学，机能主义心理学推崇詹姆斯实用主义哲学；在学科性质上，把心理学视为应用科学，强调心理和行为对环境和社会的适应性功能以及心理学理论的使用功能，并把心理学理论推广应用到教育、工业、临床医学、司法等领域，机能主义不但主张把人的心理和行为作为一个整体来研究，还扩大了心理学的问题域，方法上采取灵活务实的态度，凸显了机能主义心理学的实践性、包容性和开放性。但机能主义心理学在理论和方法上缺乏一致性和连贯性，没有建立起一个统一的理论体系，并且信奉达尔文生物进化论，将心理学归结为生物科学，将意识的社会属性清除，从生物学的角度把心理看作是适应环境的工具。这些都是它的局限。

3. 行为主义心理学

20世纪初，在美国兴起的行为主义心理学派，其创始人是美国心理学家华生（1878—1958年）。这是现代心理学中影响很大的一个学派。其他的早期行为主义者有梅耶、麦独孤、霍尔特、魏斯、亨特、拉什里等。

（1）行为主义心理学产生的社会背景。

行为主义是在当时美国社会的生产生活实践和社会政治改良的要求下产生的，在西方科技革命的推动下，美国于19世纪后半期完成了工业革命，开始了城市化运动，美国社会生活的这一要求促使心理学家从对意识的研究转向对适应性行为的研究。

（2）行为主义心理学产生的哲学和神经生理学背景。

华生反对哲学，但他的行为主义却有着深刻的哲学基础，机械唯物主义、实证主义和实用主义等哲学思想都对行为主义产生了广泛的影响。机械唯物主义认为动物是无意识的，受刺激—反应规律的制约。人是机器，也是无意识的，受刺激—反应规律的制约。实证主义认为所有的事件只能通过科学观察、假设和实验，即通过科学方法来解释。实用主义是强调行为、实践和生活的哲学，其要点就是强调要立足于现实生活，最高目的是获得效果。实用主义哲学在华生的行为主义心理学中有所体现。巴甫洛夫是一个生理学家,创立了神经的条件—反射学说。巴甫洛夫的研究对华生的行为主义也产生了极其重要的影响。同时,俄国的另外一名著名的生理学家别赫切列夫对华生的行为主义也具有一定的影响。

(3) 行为主义心理学的性质和研究对象。

1913年华生在《心理学论坛》上发表了题为《行为主义者所见的心理学》的论文,正式举起了行为主义的大旗。

华生提出心理学是行为的科学而不是意识的科学,并主张心理学的研究对象是人类和动物的可观察的客观行为,华生反对冯特心理学的意识和内省这两个基本概念,认为只有直接观察到的东西才能成为科学研究的对象,只有客观的方法才是科学的方法。他主张把人的心理彻底生物学化和动物学化,认为对人的行为和动物的行为必须在同一层面来考虑。华生坚决认为,传统心理学中的意识、感觉、知觉、意志、表象等是一大堆无用的概念,应彻底加以摒弃,而代之以刺激、反应、习惯形成、习惯联合等概念。他认为,心理学研究的目的是寻找预测和控制行为的途径。意识不能直接观察,因而就不能成为科学心理学的对象,华生批评传统的意识心理学。刺激—反应(S—R)就是华生行为主义的公式。

(4) 行为主义心理学的研究方法。

华生认为冯特的内省法不能提供客观的事实材料,因而不能作为科学心理学的方法。他主张只有从可观察到的刺激和反应方面去研究,心理学才能成为像生物学、物理学、化学那样的自然科学。所以研究方法应该是观察法。

华生将巴甫洛夫在生理学上首创的条件反射法引入到心理学中。这是华生行为主义心理学最重要的研究方法。其次,言语报告法、测验法、社会实验法也是行为主义主要的研究方法。

(5) 行为主义心理学的贡献和优缺点。

行为主义心理学强化了心理学的自然科学性，进一步扩大了心理学的研究领域，促进了心理学的应用研究。但它也有局限，生物化倾向严重，同时否认意识、心理、内省等观念。缩小了心理学的研究范围，过分强调人和动物的同一性，使心理学成为没有头脑的心理学。

(6) 行为主义心理学的发展。

20世纪30年代以后，行为主义心理学的发展进入一个新的阶段——新行为主义，代表人物有托尔曼（1886—1959年）、赫尔（1884—1952年）、斯金纳（1904—1990年）。新行为主义着重从整体上来认识行为，考虑到有机体的能动性，确立了刺激—有机体—反应（S—O—R）这种新的行为关系。

斯金纳的操作行为主义是行为主义心理学的一个重要发展，斯金纳的操作性条件作用论源于经典实验：迷箱实验。箱内放进一只小白鼠，并设一杠杆装置，小白鼠在箱内可自由活动，当小白鼠按压杠杆时，就会有一团食物掉进箱子下方的盘中，小白鼠就能吃到食物。实验发现，动物的学习行为是随着一个强化作用的刺激而发生的，进而斯金纳提出了操作性条件反射理论。

根据迷箱实验，斯金纳把人和动物的行为分为两种：应答性行为和操作性行为。应答性行为即先有刺激后有行为；操作性行为即先有行为后有刺激。这也是斯金纳操作性条件作用论区别于巴甫洛夫的经典性条件作用理论的根源所在。因此斯金纳提出了强化规律。

①强化。正强化：给予一个愉快的刺激，从而增加其行为出现的概率。例如：小明考了前三名，妈妈就让他看动画片。负强化：摆脱一个厌恶的刺激，从而增加其行为出现的概率。例如：小明考了前三名，妈妈就不让他洗碗。负强化分为：回避条件作用与逃避作用。

逃避条件作用：当厌恶刺激出现时，有机体做出某种反应，从而逃避了厌恶刺激，则该反应在以后的类似情境中发生的概率便增加。例如：小明讨厌邻居家的小孩，只要邻居家的小孩一来家里，他就出去躲避。回避条件作用：当预示厌恶刺激即将出现的刺激信号呈现时，有机体也可以自发地做出某种反应，从而避免了厌恶刺激的出现，则该反应在以后的类似情境中发生的概率便增加。例如：小明讨厌邻居家的小孩，只要一听说邻居家的小孩要来，他就出去躲避。

在强化时，可以使用这样一个原则——普雷马克原理，即用高频活动作为低频活动的强化物，或者说用学生喜欢的活动去强化学生不喜欢的活动。例如："你吃完这些青菜，就可以出去玩了。"

②惩罚。正惩罚：给予一个厌恶的刺激，从而降低其行为发生的概率。例如：小明考试不及格，妈妈就暴打他一顿。负惩罚：撤销一个愉快的刺激，从而降低其行为发生的概率。例如：小明考试不及格，妈妈就不让他看动画片。

③消退。有机体做出以前曾被强化过的反应，如果在这一反应之后不再有强化物相伴，那么此类反应在将来发生的概率便降低。例如：小明上课做鬼脸，老师不予理睬，以后小明就不再做鬼脸了。

4. 格式塔心理学

格式塔心理学是20世纪初期在德国兴起，后来在美国得到进一步发展的心理学派，其代表人物主要有韦特默（1880—1943年）、考夫卡（1886—1941年）和苛勒（1887—1967年）。"格式塔"是德文"Gestalt"一词的译音，意为"完形""样式""结构""组织"。格式塔心理学是以似动现象实验起家的。主持这个实验的是韦特默，观察者是考夫卡和苛勒。实验用速示器将A、B两条发亮的直线先后投射在黑色背景上，两条线放映时间间隔过长，例如 2000 毫秒或 200 毫秒，观察者看到的是先后两条线出现；时间间隔过短，例如 30 毫秒，看到的是两条线同时出现；如果时间间隔在 60 毫秒左右，便可以看到 A 线向 B 线移动，或只看见运动，没看见线。这叫似动现象，与我们看电影时所见相同。他们认为，这种知觉显然是无法用感觉元素的联合来解释的。于是他们坚持认为，每一种心理现象都是一个格式塔，都是一个"被分离的整体"。整体不等于部分的总和，整体不是由若干元素组合而成的；相反，整体先于部分而存在并且制约着部分的性质和意义。他们坚决反对对任何心理现象做元素分析，并把构造主义心理学称为"砖块和灰泥的心理学"。

（1）格式塔心理学的研究对象和方法。

格式塔心理学的研究对象主要是直接经验和行为。卡拉夫认为行为可以分为三类：一是真正的行为，主要是客观世界的物理行为，包括物体的运动等；二是外显行为，个体在他人行为环境中的行为；三是现象行为，就是个体在其自身行为环境中的行为，而现象行为是格式塔心理学的主要研究对象。

格式塔心理学的研究方法是整体的观察法和实验现象学的方法。格式塔心理学把直接经验作为自己的研究对象，这种直接经验是一种自然现象，只能通过观察来发现，因此格式塔心理学强调运用自然观察法。但由于直接经验中也包括一种类似于意识的东西，而对这一部分的研究必须依赖主体的内省，但是内省不能用作分析，只能用来观察。不管是观察还是内省，格式塔心理学都要求必须从整体上去把握。格式塔心理学把直接经验（有时也称现象经验）和明显行为作为研究对象，因此该流派在具体研究中除了使用整体观察法，还运用实验法。格式塔心理学运用的实验法主要是实验现象学方法。

（2）格式塔心理学主要的理论观点。

①人格理论。格式塔心理学派把人格看作是一个动态的整

体,行为场有两极,即自我(人格)和环境。当一个人的目标(即动机和需要)一经达成,紧张就会消失。场力处于不平衡状态时就会产生紧张。这种紧张可以在自我和环境之间形成,从而加强极性(polarity),破坏两极的平衡,造成个人自我与环境之间的差异,使自我处于更加清醒的知觉状态。它也可以在自我内部或在环境中形成,然后再导致不平衡。

②完形组织法则。格式塔心理学家认为,主要有五种完形法则:图形—背景法则、接近法则、相似法则、闭合法则和连续法则。这些法则既适用于空间也适用于时间,既适用于知觉也适用于其他心理现象。其中许多法则不仅适用于人类,也适用于动物。在格式塔心理学家看来,完形趋向就是趋向于良好、完善,或完形是组织完形的一条总的法则,其他法则则是这一法则的不同表现形式。

③学习理论。以组织完形法则为基础的学习论,是格式塔心理学的重要组成部分之一。它由顿悟学习、学习迁移和创造性思维构成。

顿悟学习(insightful learning)指的是格式塔心理学家所描述的一种学习模式。所谓顿悟学习,就是通过重新组织知觉环境并突然领悟其中的关系而发生的学习。也就是说,学习和解决问题主要不是经验和尝试错误的作用,而在于顿悟。

学习迁移(learning transfer)是指一种学习对另一种学习的影响。也就是将学得的经验有变化地运用于另一情境。对于产生学习迁移的原因,桑代克认为是两种学习材料中的共同成分作用于共同的神经通路的结果,而格式塔心理学家则认为是由于相似的功能所致,也就是由于对整个情境中各部分的关系或目的与手段之间的关系的领悟。例如,在笼中没有竹竿时,猩猩也能用铁丝和稻草代替竹竿取香蕉,这就是相似功能的迁移。

创造性思维(productive thinking)是格式塔心理学颇有贡

献的一个领域。韦特海默认为创造性思维就是打破旧的完形而形成新的完形。在他看来,对情境、目的和解决问题的途径等各方面相互关系的新的理解是创造性地解决问题的根本要素,而过去的经验也只有在一个有组织的知识整体中才能获得意义并得到有效的使用。因此,创造性思维都是遵循着旧的完形被打破,新的完形被构建的基本模式进行的。

(3) 格式塔心理学的主要贡献和优缺点。

格式塔心理学对以构造主义为代表的元素主义心理学进行批评,促进人本主义兴起,对认知心理学也有很大的贡献。格式塔心理学的局限是具有唯心主义理论基础,以及过分依赖现象学方法,缺少客观性等。

5. 精神分析心理学

精神分析心理学是由奥地利维也纳精神病医生弗洛伊德(1856—1939年)在20世纪初创立的。他的代表作有《梦的解析》(1900年)、《精神分析引论》(1933年)、《精神分析纲要》(1949年)等。20世纪30年代以后在美国兴起新精神分析学派,它是在新的社会历史条件下产生的,主要代表有霍妮(1885—1952年)、沙利文(1892—1949年)、弗罗姆(1900—1980年)等人。他们反对弗洛伊德学说中的本能论,抛弃了力比多的概念和人格结构说,把文化、社会条件和人际关系等因素提到了精神分析人格理论和治疗原则的首位。

精神分析学派在协助当事人(案主)能够去发现现行行为的潜意识,并认为内在的行为是受了过去的因素(潜意识)的支配,即人类早期发展影响行为,帮助人了解过去。它的理论主要来源于治疗精神病的临床经验。如果说构造主义心理学、机能主义心理学和完形主义心理学重视意识经验的研究,行为主义心理学重视正常行为的分析,那么精神分析心理学则重视异常行为的分析,并且强调心理学应该研究无意识现象。

(1) 弗洛伊德精神分析心理学的主要思想。

在弗洛伊德看来，意识仅仅是人的整个精神活动中位于表层的一个很小的部分。潜意识才是人的精神活动的主体，处于心理的深层。潜意识是正在被压抑的或从未变成意识的本能冲动，它对人的精神和行为有着重大的影响，通过对失言、梦等的分析可以窥见其一斑。

弗洛伊德认为，人的本能分为性本能和自我本能，自我本能趋向于避开危险，保护自我不受伤害。

弗洛伊德把人格分为意识、前意识和潜意识三个层次，后来又提出人格是由本我、自我和超我三个部分组成，本我是个体原始的意识状态，它遵循简单快乐原则。也就是说它需要满足时就希望马上得到满足。自我是指个体为了调和周围世界和内部驱力通过暂停或停止快乐原则，追随客观环境的现实原则而发展出来的意识状态。它需要满足时会愿意有一个等待的过程，它遵循现实主义原则。本然的我，遵循快乐享受原则，受生、死本能的支配。自我遵循现实原则，衡量客观现实的规范，有理性、有组织，符合大众期望。超我包含三个重要部分：自我控制、自我理想和良心。

(2) 弗洛伊德精神分析理论的贡献及优缺点。

在心理学的研究对象上，精神分析开创了无意识心理研究的新纪元。这是弗洛伊德最主要的历史功绩。在心理学学科建设上，精神分析开拓了性心理学、动力心理学和变态心理学的研究。在对有关科学的影响上，精神分析渗透到了社会科学的各个领域。发端于治疗实践的精神分析，到了后来已超出了心理学的范畴，逐渐扩展到历史、文学、艺术、美学、社会学、教育学、人类学和哲学等领域，并由一种无意识的心理学体系发展成为一种解释个人、文化及社会历史现象的世界观和方法论。弗洛伊德提出了心理创伤是引起神经疾患的主要原因，主张用精神分析方法来挖掘病人被压抑到潜意识内的心理矛盾以治好病人,这就摆脱了过去那种单靠药物、手术与物理方法治疗的束缚,开辟了一条重视心理治疗的新途径。

弗洛伊德精神分析的基本出发点就是把人视为一个与社会根本对立的自然存在物和非理性的动物,坚持用能量守恒和转化定律解释心理活动规律,主张先天的本能是人的一切心理和行为的内驱力。整个学说具有生物学化倾向,提倡泛性论。弗洛伊德的整个理论体系是建立在生物学的基础之上,他用生物学的观点观察社会、历史,解释人类的心理和文化。把一种动物的原始本能,一种脱离社会条件的抽象人性,看成是决定人类精神生活和实践活动的巨大的内驱力,极端夸大人的生物性,贬低人的社会性。

6. 人本主义心理学

人本主义心理学是20世纪中叶在美国产生和发展起来的一种心理学思潮。它既反对行为主义机械的环境决定论,又反对精神分析本能的生物决定论,强调心理学应该研究人的本性、潜能、尊严和价值,研究对人类进步富有意义的现实问题。人本主义心理学在20世纪60、70年代迅速崛起,成为继行为主义和精神分析心理学之后西方心理学中的"第三势力"。人本主义心理学的创始人马斯洛(1908—1970年)坚决反对心理学中的实证主义和元素主义,主张用现象学方法研究自我的内心感受,从而开创了心理学的整体论传统。

(1)马斯洛需要层次理论体系。

按马斯洛的理论,个体成长发展的内在力量是动机。而动机是由多种不同性质的需要所组成,各种需要之间,有先后顺序与高低层次之分;每一层次的需要与满足,将决定个体人格发展的境界或程度。

一是生理需要(physiological need),生存所必需的基本生理需要，如对食物、水、睡眠和性的需要。

二是安全需要（safety need），包括一个安全和可预测的环境，它相对地可以免除生理和心理的焦虑。

三是爱与归属的需要（love and belongingness need），包括被别人接纳、爱护、关注、鼓励、支持等，如结交朋友、追求爱情、参加团体等。

四是尊重需要（esteem need），包括尊重别人和自我尊重两个方面。

五是认知的需要。

六是审美的需要。

七是自我实现需要（self-actualization need），包括实现自身潜能。

在心理学上，需要层次论是解释人格的重要理论，也是解释动机的重要理论。

自我实现是马斯洛人格理论的核心。他认为可以将其定义为"不断实现潜能、智能和天资""完成天职或称之为天数、命运或禀性""更充分的认识、承认了人的内在天性""在个人内部不断趋向统一、整合或协同动作的过程"。也就是说，个体之所以存在、有生命意义，就是为了自我实现。马斯洛对自己的学生进行抽样调查，并对历史上和当时仍然健在的著名人物，如斯宾诺莎、贝多芬、歌德、爱因斯坦、林肯、杰弗逊、罗斯福等进行个案研究，概括出了自我实现的人所共同具有的人格特征。

（2）罗杰斯需要层次理论体系。

罗杰斯（1902—1987年）。罗杰斯提倡来访者中心治疗，对来访者"无条件地积极关怀"，使来访者"实现自己、维持自己、提高自己"。他的这些观念和实践都是基于他的人性观。在对人性的看法上，他有下列基本观点：每个人都是一个自由的行动者，可以自由地做出选择和制定目标，并能够解释自己的生活选择；每个人都有一种力求充分发展自己的潜能、超过自己目前状况的基本需求；虽然每个人都会遇到环境和社会的各种阻挠和障碍，但是人们的天性是趋向于实现自己潜能的。这种研究取向使心理学与人文科学的关系要比与自然科学的关系更为密切。

（3）人本主义心理学的贡献和优缺点。

人本主义心理学把心理学看作是一门重要的人学，它在使心理学走上研究人或人性的科学道路上做出了历史性的贡献。人本主义心理学批判了传统心理学把人兽性化、非人格化和无个性化的倾向，阐明了动机的巨大作用和层次理论，突出了人的高级需要所具有的更大的价值。提出实验客观范式与经验主观范式结合的新构想，人本主义心理学坚持根据心理学对象决定心理学方法的原则，反对以方法为中心而主张以问题为中心。促进以人为本的组织管理与教育改革以及心理治疗的发展。人本主义心理学提出以人为中心的理论、动机层次理论、受辅者中心疗法，对强化组织管理、教育改革和心理治疗均有重要的应用价值。该理论推动了哲学世界观的积极变革。

人本主义思想的局限性主要体现为：理论体系不够严谨，缺乏对基本观点的明确目标和充分论证，一些概念也描述得很模糊。过分强调自我实现和自我选择，认为这是一种与生俱来的自然倾向，忽视社会环境和后天教育对人成长的影响和制约。人格问题研究方法有其积极意义，但作为一种方法论体系存在一些不可忽视的缺陷。排除整体分析和经验描述，单纯以自然科学的实验和分析方法不足以说明人的精神生活相互联系和因果关系。

20世纪50年代开始，学派林立、理论纷争的局面演变为学派相互吸收、互补并存的态势，这也标志着心理学开始走向成熟。学派对立时期是心理学发展的一个重要的里程碑。随着心理学研究的发展，心理学家们认识到每个学派都是从不同的侧面或层次探讨复杂的心理现象，并且都做出了贡献，有的提供了新的实验资料，有的提供了新的见解与命题，还有的修正或推翻了对立学派的看法。各对立学派逐渐在概念上和方法论上相互承认并接受其他学派的理论，而不像过去所认为的那样是互不相容的。

同时，由于受西方后现代文化的影响，心理学研究出现了多元化的趋势，先后产生了后现代心理学（社会建构论心理学）、女性心理学、话语心理学、文化心理学、积极心理学、进化心理学、叙事心理学、生态心理学、解构心理学、本土心理学、主体心理学、意识心理学、多元文化心理学、联结主义认知心理学等分支。心理学各分支学科的迅速发展使心理学的研究走向繁荣。

因此，当代心理学呈现出多种研究取向整合和分支学科繁荣发展的局面。

# 第二编　中国心理学史

## 一、古代中国的心理学思想

中国古代心理学思想主要包括：解释人与物的关系，身体与心理的关系，情绪与需要的关系，认知过程。我国古代也开始涉及一些感知觉的生理心理和心理物理与心理实验、心理测验，等等。虽然有着文化地域和我国古代社会发展规律的限制，但在东西两方心理学基本问题讨论几乎是相同的。

（一）中国古代哲学心理学思想的基本范畴

范畴是知识领域中最基本的概念，中国古代哲学心理学思想在其发展过程中形成了一整套范畴体系共九个范畴：人贵论，形神论，心物论，性习论，知虑论，情欲论，志意论，知行论，智能论。中国心理学史建立之初有不同的观点："五说""八论""五论""九论"，等等。

1. 人贵论

人贵论是万物以人为贵的思想理论。它认为人是世界万物中最宝贵的，也就是"人为万物之灵"和"人定胜天（自然）"的意思。这种观点以荀子、王充、刘禹锡、王夫之等人为代表。人贵于万物的理由是人具有智能，人的智慧高于其他动物，所以人最为聪明宝贵。人贵在具有很多社会心理素质。孔子曰："天地之性人为贵。"荀子在《王志》篇里说："水火有气而无生，草木有生而无知，禽兽有知而无义，人有气，有生，有知，亦且有义,故最为天下贵也。"

2. 形神论

形神论也叫心身论,是说明心和身、心理和生理关系问题的思想理论。心理由一定生理结构的身体所派生;将"心"和"身"看作两个独立的实体(二元论的观点)。"心"与"身"的关系是心理学必须解决的问题,因此形神论是心理学基本理论中的根本性问题之一。

战国时期的唯物主义思想家荀子明确地提出了"形具而神生"的论断。形体、身体具备了,才能产生精神。心理精神依赖形体而存在,精神随形体死亡而归于灭尽,先秦道家认识到人的身体和精神是相互结合不可分离的。秦汉至唐朝道家有了进一步的创新,他们认为形与神不可偏执一方。范缜提出了精神和形体不可分离的"形神相即"的思想,王充也反对精神不灭论,王夫之认为形非神不运(运转),神非行不凭(依靠)。

3. 心物论

心物论是中国古代思想家关于心理和客观事物相互联系的思想理论。物决定心,客观事物是心理的源泉属于唯物的心物论;心决定物,心理是人心所固有的属于唯心的心物论。心物论与形神论一起构成心理学中两个根本性问题,从两个方面共同揭示心理实质的基本思想观点:心理反映客观事物,客观事物是心理的源泉;只有具备人脑的形体才能产生精神、心理,人脑等形体器官是产生心理的器官。

许多思想家有不同的心物论提法:"遇物而能貌之"说:墨家的心物观。人的感知是因为感知器官与外物接触而反映了该物的外貌。"精合感应"说:荀子提出的心物观。人的心理、精神是外物作用下对外物的一种反应。"感而后应"(《管子》)和"感而后知"(《吕氏春秋》)说:对外界事物有所感才会产生心理活动。"感而后应"认为人的感官是接应外物的结果;"感而后知"

认为感受外物之后才有感知。"物至神应,应与物接"说:认为"神"能反映"物"是感应关系,"神"之所以能够反映"物",则是感知器官与物接触的缘故,外物是产生心理的首要原因。"内外之合"说:内外结合才产生感知,产生心理、精神现象。"心所以万殊者,感外物也不一也"。"在外之资""缘外而起"说:明代王延相认为,人的精神、心理"必藉形气而有",而且必须有"见闻外在之资",反映了外在事物"缘外而起者"。

唯心论的心物观:孟子的"万物皆备于我"。佛教"离心之外,更无一法"。陆王心学:"吾心即是宇宙。"二元论的心物观:"物我交心生""心物道合一。"

4. 性习论

性习论是关于人的生性与习性关系的思想理论,它跟遗传素质与环境教育问题有密切联系,是中国古代心理学思想特别重要的内容。该思想盛行于先秦和两汉之际,明清受到重视。"习与性成"——《古文尚书》,最早见于此。习形成的时候,一种性和它一起形成了。孔子:"性相近也,习也相远。"——每个人的秉性、素质是差不多的(个性心理差别的自然基础),个性心理由于环境、教育的习染作用而差别很大(教育、环境的决定作用)。荀子:"化性起伪","恶性"转为"善性"。人性是在先天的自然性的基础上,受后天的社会性影响形成的,性习论就是重视习染作用。东汉王充人性"渐染"说:"夫之性,犹蓬纱也,在所渐染而善恶变矣。"他认为习可以成性,善恶可以互变。王延相的习性论思想:"习"含有"行"或"实践"的意义,他还把"性"分成"生性"和"知性"两种。中国古代的"习与形成理论"对心理学中遗传与环境关系的争论有一个圆满的解答:人的"性"(心理机能)分为两种:生性,由生长而来的生成的性,另一个是习性,人出生以后由学习而形成的性,习性的发展是无限的。

5. 知虑论

知虑论是中国古代关于认知过程的思想理论。它论述感知和思维心理过程的问题，其内容非常丰富，涉及现代心理学认知过程的各个方面。知虑的含义：指感知，虑指思维，知虑指从感知到思维的整个认识过程，知是浅知，相当于感性认识阶段；虑是深知，相当于理性认识阶段。知是虑的基础，但知又有待于虑的深化。中国最早明确提出知与虑的概念是《墨经》——"知，接也。""虑，求也。"知识对外物接触的反映，是感知过程；虑是对事物的思索与探求，是思维过程，知虑所指的是整个认知过程。知虑的分类：墨家认为知有闻知、说知、亲知三种，即传授而知；不受方域所限制，推论而知；亲身观察而知。知虑二阶段法：孔子说："学而不思则罔，思而不学则殆。"将知分为"学"（包括视听感知）和"思"（思虑、思维）两阶段。宋代的张载明确将知划分为两个阶段——"见闻之知"和"德性之知"。朱熹认为，知是人的认识过程，它包括两个阶段四个层次，知虑包含"知觉"和"思维"两个阶段，然后又将知虑划分为"知"与"觉"两个层次，"思虑"划分为"思"和"虑"两个层次。知虑多侧面细分法：王夫之提出了除阶段外（感知和思维）的知识（过去）、思（现在）、虑（未来）三种时态。

6. 情欲论

情欲论是关于情绪、情感和欲求、欲望的思想理论。情与欲的关系密切，是两个有区别的心理问题。情："情者，性之质也。"（荀子）情感是人性的本质表现。《关尹子》中认为，情感是人性像水流动产生波澜的一种心理状况。情的基本形式：《荀子》六情说——好、恶、喜、怒、哀、乐；《礼记》七情说——喜、怒、哀、乐、好、恶、欲。情的二端论，即好恶是情的两大基本形式，其他的情都是好恶的变式，与现代心理学所讲的情感两极性，即情感肯定和否定的对立性质是相吻合的。管子将欲分为生理欲望（衣食）和社会欲望（礼节、荣辱）。王夫之将欲望分为：生理、物质、权利、功名。他认为人应对欲望加以节制和引导，不可放任自流，要给以正确指导。

荀子：通过"起礼仪，制法度"和"心使之"来节欲，用过制《雅》《颂》和劝学来导欲。董仲舒尊儒术，以儒家的礼仪作为调节的标准。宋代的李觏提出以礼义约束情欲，必须满足基本欲望为基础。宋代却出现了历史的倒退："存天理，灭人欲。"

7. 志意论

志意是中国古代关于意志问题的思想理论。荀子曾将志与意合称为志意，即现代心理学上讲的意志。"凡用血气（情感），志意（意志），知虑（认知）。由礼则治通，不由礼则勃乱。"——明确将心理过程分为知、情、意。志意分类说：志，志向、理想（三军可夺帅也，匹夫不可夺志也）；动机（吾愿诸主君之合气志功而观焉。）；人行动所要达到的目标意：动机，是意志活动的主要因素。王夫之认为，意是意志行为的准备状态，它是以人的欲望为基础的心理过程。志与意的关系非常密切而合称志意。志与意是心有主向的表现，即它们具有指向性。但也有不同，意是随情境而变化，志则具有不易变性。朱熹认为：志是"公然主张"的目的，意是"私地潜行"的动机。

8. 知行论

知行论是关于说明知和行的关系的思想理论，现代心理学主张研究人的心理与行为，中国古代心理学思想也是一直在探讨认知与行为的有关问题。"非知之艰，行之惟艰。"荀子主张知行统一说。学可以不断递进深化，学而能和行相结合、统一，才算学到了家。"知之而不行，虽敦必困。"——知脱离了行是困难的。知行是统一的，相辅相成。汉代的董仲舒主张知先行后说。宋代的思想家也大多继承了知先行后的思想（否定了行对知的作用）。朱熹："知行常相须，如目无足不行，足无目不见。论先后，知为先；论轻重，行为重。"——知行关系的辩证法思想家王守仁主张知行合一，但该观点没有看到知行的对立性，"知之真切笃实处即是行，行之明觉精察处即是知"。知行具有统一性也具有对立性。明清思想家王廷相和王夫之对知行关系的论述则是合乎科学的。王廷相提出知行并举说，明确提出了"实践"的概念，强调"履事""习事"和"实历"的重要作用。王夫之不赞成知行合一，认为"知行相资以互用……"是互为补充，但不是合。他的知行观包含下列思想：知行之间存在着差别和对立："同者不相为用，资于异者，乃和同而起功"，否定了陆王学派的"知行合一"说。知行之间各有功效，互为所用；可以互相渗透和包涵："知行二义，有时相为对待，有时不相为对待"；强调行是知的基础，同时又重视知对行的指导作用："非力行焉者，不能知也""力行而后知之真也"。

9. 智能论

智能论是中国古代关于智力和能力的思想理论，将智与能作为相对独立的概念，同时也承认它们是紧密联系在一起的。

荀子：知是人生来具有的认识事物的素质，只有与客观事物相吻合的认识才能真正发展成智力，能力是人生来具有的从事某种活动的素质，只有与客观事物相合而得到发展，称才能。

认为能力与技能、方法关系密切：高超技艺发展出高超能力、才能，认为才能是以才质为基础发展起来的。才质是人的心理的先天素质。认为才能与性格、学问密切相关，而提出"才性"和"才学"的问题。所谓才性是指才能与性格的关系：魏晋时期钟会将当时对此问题的争论归纳为"才性同、才性异、才性合、才性离"四种观点。"才性同"以傅嘏为代表，认为才和性是同一回事；"才性异"以李三为代表，认为才和性两者不是同一回事；"才性合"是以钟会为代表，认为两者虽不是同一回事，但有着极为密切的联系；而以王广为代表的"才性离"说，认为两者既不是同一回事,也没有任何关系。才学,是指才能与学问的关系问题。古代学者主张才学结合以胜任各种工作。

### (二) 中国古代几位最重要的心理学思想家

#### 1. 孔子

孔子(公元前551—前479年),名丘,字仲尼,春秋时鲁国人,是中国古代最早的思想家和教育家。孔子认为事物是不断运动、变化和发展的,将自然界的运动发展观迁移到教育与心理上,认为人的心理发展具有继承性与提高性,年轻人一定能够超越前人;人的心理发展具有阶段性和连续性,不同年龄阶段有所不同,并且强调了不同年龄阶段需注意的问题。孔子认为人的本性中与生俱来的先天的东西是接近的、差不多的,只是由于后天学习与环境影响的结果而出现了很大差别。人性是共性与个性的统一。

孔子认为,先天遗传素质(生性)虽是其才能发展的必要物质条件,但它只是为才能的后天发展提供了可能性,人的智力是通过后天的学习(广义的学习)而逐步发展起来的。

孔子认为学习过程是由积累到贯通的过程,以积累丰富知识,加强思维,将知识贯通起来,"学"主要是对新知识而言,但要真正掌握它,更重要的是"时习";"行"——学以致用,学习的态度很重要,没有正确的态度无法实现诚实、有恒、乐观的学习风格,学习观是辩证的,只有将文化知识与先天素质完美结合的人才是君子。

孔子一直把德育放在首位,认为道德品质是根本的,孔子的教育心理学思想的核心即为人格教育,德育的过程是知行情结合的过程,即从道德认识到道德行为再到道德情感的过程,德育需要有榜样,引导人们模仿"学";德育强调反复实践:"时习";德育必须有情感反馈:"悦"。

## 2. 荀子

荀子（前298—前238年），名况，字卿，亦称孙卿子。战国末期的赵国人，是先秦时期的一位集各派思想之大成的思想家，一位较全面、较系统地研究人的心理的思想家。荀子的观点主要有：形神观，即形俱而神生，他是第一位明确形产生神的思想家。心物观，即"精合感应"，精合，指精神同外物相接触、相遇合；感应，外物感人而人有接应，有反应。形不能自生精神现象，必须感于物。

荀子认为感官必须与外物接触才能产生认识，客观世界是认识的源泉；提出虚壹而静说，专一而冷静地观察事物，就能正确地认识事物在知行上的关系，强调实践对认识的重要作用。

荀子的性习心理思想界定了"性""伪"的含义：天生材料，人为道德礼仪加工，"性伪之合"：在先天基础上，后天加工，提出了化性起伪的要求。

荀子认为人的知识、智力和品德并非内心所固有，而是在外部条件或因素的影响下获得的。"积"与"渐"在《劝学》中的表述：学习的必要性、重要性，学习在于积累，博学深思，增长才能，养成品德，学以致用。

## 3. 王充

王充（29—97年），字仲任，东汉会稽上虞人。有志好学，唯物主义者。其基本观点是形神观，认为"形朽神亡"，发展了荀子的观点。其心物观，认为感知不能凭空产生，必须与外部事物相接触才能有所状。王充认为感知在认知中起很大作用，提出了一些感知规律，对错觉和幻觉也进行了分析，认为感知必须与思维相结合。将智与能两个概念分开，主张学知说。提出性有善有恶论，认为人性可以通过教育来改变。反对生知，支持学知，学习的过程包括："见闻为"和"开心意"，应以实际效果检验知识的真伪。

### 4. 朱熹

朱熹（1130—1200年），我国南宋时期著名思想家、哲学家、教育家，世称"朱子"，唯心主义思想家。基本观点：形神观，即形先神后，但并未明确指出心理是由形体活动产生的。心物观，即人的心理是万物的根源，不依赖于形体。认为心如明镜，自知之明。心为主宰，强调认知、意识的能动性；心为身主宰，"心为物主宰藏往知来"——心既能把以往的知识储藏起来，又能预知未来。

朱熹将血气和头的长相看作是知的生理基础。并将知觉分为两个阶段。知：相当于感知。觉：相当于理解。思虑：两个不同层次的思维过程。思：对感性材料进行初步加工。虑：在"思"的基础上对事物进行详细、周密的反复审视。记忆与思维存在辩证关系：记忆是思维的基础，思维是记忆的条件。

朱熹的性习心理思想主要有：天命之性，即人禀礼而生，专以礼而言、纯粹至善的性——理想的人，理想的状态；气质之性，即人禀气而生，有清浊善恶的性——现实的人，人的现实状态，人性由两者相结合而成，可经由后天习染而改变。

朱熹认为教学的作用在于改变人的气质，教学应分阶段进行，小学阶段：先入为主，及早施教，形象生动，激发兴趣，重视道德行为习惯的培养。大学阶段：自学，学术观点相互交流。

朱熹的道德教育思想主要有：立志、居敬（精神专一，注意力高度集中）、存养（存心养性）、省察、力行。

### 5. 王廷相

王廷相，明代杰出的唯物主义哲学家和心理学思想家，他的观点主要有：形神观，即元气论，元气—形体—神识（心理），"神"必须建立在"形气"的生理基础上。心物观：与外界接触产生思想。认识心理思想：人的感觉器官与外物的接触。认为人的本性具有智力和才能，才智是通过后天学习而来的。

6. 王夫之

王夫之（1619—1692年），明末清初的唯物主义心理学思想家，他主张的形神观认为气是本源，聚气成形才有神，形神关系是神以运形、神主形辅的关系。他认为要产生心理、思想，必须与外物相交；还指出产生心理的三个条件：形（器官）、神（感知外物的欲望和理解外物的心）、外物。他认为感知产生的因素是形体（感觉器官）和外物的直接作用。

## 二、现当代中国的心理学思想

中国历史悠久，历代许多思想家曾对心理问题做过不少有见地的论述。这些论述丰富了中国古代心理学思想，使中国成为世界心理学思想最早的策源地之一。但在长期封建思想统治下，中国古代的心理学缺乏发展成为一门独立学科的条件，所以中国古代没有"心理学"这一学科的名称。心理学在中国不是由中国古代心理学思想直接演化来的，而是由西方心理学传入后逐步形成和发展起来的。其历史发展大致可以分为以下几个时期：

### （一）西方心理学思想传入中国的开端

这一时期大约为明代末期（16世纪末至17世纪初）。公元16世纪新航路发现以后，在西欧殖民国家进行海外扩张的形势下，基督教在明代末期再次传入中国（在唐代和元代曾传入过两次）。耶稣会派遣传教士入华进行传教活动，带来宗教神学和哲学以及一些其他科学。有的传教士来华后，学会中文，著译了不少与心理学问题有关的书籍，这类书中包含了一些西方古代和中世纪的心理学思想，这是最早传入中国的西方心理学思想。

清代末期和中华民国初期（19世纪末至20世纪初）。西方心理学传入中国有两条渠道：一是直接传入，二是通过日本间接传入。由于中国经历了清代长期奉行的闭关锁国政策，曾与世隔绝，西学中断。1840年鸦片战争前后，中国被世界列强宰割，开始沦为半封建半殖民地国家。外国传教士在中国沿海和内地的重要城市设立"教会学校"。西方的科学心理学（或新心理学）传入中国是在20世纪初，清代末期实行新教育制度开始的。1902—1903年清政府制定学校章程，在师范学校中设立心理学课程，这时出版译著的心理学书逐渐多起来。由于清末"废科举，兴学堂"，改革旧教育，仿效日本的新学制，所用教科书也是译自日本的教科书，所以这时主要翻译了日本的心理学（即日本编译的西方心理学），自编的心理学也主要参考日本心理学的内容，译著作者也多为留日学者。这时期对于促进西方科学心理学在中国的发展有重大影响的有著名教育家蔡元培（1868—1940年），他于1907—1911年留学德国，曾在莱比锡大学（Leipzig University）学习三年，当时正是冯特（1832—1920年）在莱比锡创立科学心理学的全盛时期，蔡元培曾亲自听过冯特讲授心理学和哲学史。回国后，他担任中华民国首任教育总长，1917年任北京大学校长，1928年任中央研究院院长，他直接推动了心理系和心理研究所的设立并积极提倡和发展心理科学。他主张把心理学的实验法应用于教育学，认为"从前心理学附入哲学，而现在用实验法应列入理科"，他对应用物理方法和生理方法研究心理学极为重视，他的这种思想对后来中国的心理学发展是有深远影响的。

1912年中华民国建立后，出版的心理学教材更多了，其中陈大齐（1886—1983年，北京大学心理学、哲学教授）于1918年出版的《心理学大纲》是中国自编的最早的大学心理学丛书，它比较全面地反映了冯特时代心理学的主要内容和科学水平。他在北京大学哲学门（系）开设心理学课程和心理学实验，在1917年设立了中国第一个心理学实验室。陈大齐曾简要地介绍了当时西方心理学各主要研究领域，包括普通心理学、生理心理学、实验心理学、变态心理学、差异心理学、儿童心理学、动物心理学、民族心理学和审判心理学等。

(二) 中国心理科学的创建与早期发展

1. 第一阶段：20世纪20年代

1920年前后，中国的第一辈心理学者唐钺（1891—1987年）、陆志韦（1894—1970年）、陈鹤琴（1892—1982年）和张耀翔（1893—1964年）等赴美留学，相继归国后，分别在北京大学、南京高等师范学校、北京高等师范学校等校教授心理学，当时开设有普通心理、实验心理、儿童心理、教育心理、教育测验、教育统计等课程，他们开始介绍西方心理学，引进儿童心理测验等，使西方心理学从此广泛地在中国传播开来。

1920年南京高等师范学校教育科建立了中国第一个心理系，北京高等师范学校也在这一年建立了心理学实验室。不久，南京高等师范学校的心理系改为东南大学心理系，成为当时中国唯一一所有独立心理系的大学。这时心理系的学生在学科上有两种趋向：一是注重教育的学科，一是注重理科的学科。这种趋向至今犹在。1924年大夏大学，1926年北京大学、清华大学，1927年中央大学、燕京大学，1929年辅仁大学等先后建立了心理系或教育心理系。

1921年成立了最早的中华心理学会，这是现在的中国心理学会的前身。由当时南京高等师范学校组织的暑期教育讲习会的学员发起，邀请了心理学教授参加，于讲习会结束时在该校的大礼堂举行了成立大会，张耀翔当选为会长。中华心理学会会员最多时有235人，其中大学教授20人，中学教职员52人，其余为专科及大学学生。该会举办过一些学术演讲等。

1922年1月，中华心理学会会刊《心理》杂志出版，这是中国第一种心理学杂志。其内容涉及心理学的各个领域：普通心理、实验心理、动物心理、儿童心理、青年心理、社会心理、变态心理、心理学史、应用心理、教育心理、智力测验、教育测等。该杂志共出版了14期，发表论文150余篇。由于时局不宁、经费困难等原因于1927年停刊。至此，中华心理学会也停止了活动。

2. 第二阶段：20世纪30年代

这时中国的心理学较前一阶段已有显著的进步，全国已有十几所大学设立了心理系，并且有了中国第一个专门研究心理学的机构——中央研究院已于1929年5月在北京建立了心理研究所，唐钺首任所长。建所初期该研究所进行动物学习问题的研究和神经解剖研究。心理研究所1933年迁至上海，由汪敬熙（1893—1964年）任所长，研究工作主要侧重神经生理的研究，1934年又迁至南京。1935年心理研究所与清华大学心理系合作进行工业心理研究，心理所还出版了自己的刊物。1937年全面抗战爆发后，该所长期处于迁徙途中，严重影响了研究工作。30年代先后成立了心理学的各种学术组织，并开展学术活动。

3. 第三阶段：20世纪40年代

抗日战争期间，北京大学、清华大学等由北京迁至云南昆明，成立西南联合大学并设有哲学心理学系。中央大学和中央研究院心理研究所由南京迁至四川重庆。因战争迁徙，部分书籍及实验仪器遭战火损失，严重影响心理学研究工作的开展。这时期心理研究所集中研究胚胎行为的发展问题和进行动物脑髓切片比较研究。

4. 第四阶段：中华人民共和国建立后的心理学发展历程

1949年中华人民共和国建立以后，中国心理学进入一个新的发展时期（台湾地区心理学情况见另文）。随着经济建设和科学事业的发展，我国设置了心理学研究机构，重建了中国心理学会，将全国心理学工作者团结组织起来，学习辩证唯物论哲学和巴甫洛夫学说以及苏联心理学，并试图改造西方的心理学。心理学的教学、科学研究和培养新生力量的工作逐步开展起来，为心理学的发展打下新的基础。60年代中期至70年代中期"文化大革命"的一场动乱全面扼杀了心理学。直至打倒"四人帮"之后，经过恢复，心理学才重新走上发展的道路。特别是80年代以来，随着改革开放不断深化，心理学打破"禁区"，加强国际学术交流有了空前的发展和进步。

## 三、中华人民共和国建立后的心理学发展历程

### （一）学习改造阶段（1950—1956年）

1949年中华人民共和国建立以后，中国心理学进入了一个新的发展时期（台湾地区心理学情况见另文）。随着经济建设和科学事业的发展，我国设置了心理学研究机构，重建了中国心理学会，将全国心理学工作者团结组织起来，学习辩证唯物论哲学和巴甫洛夫学说以及苏联心理学，并试图改造西方的心理学。心理学的教学、科学研究和培养新生力量的工作逐步开展起来，为心理学的发展打下新的基础。

当时，全国心理学工作者形成了学习辩证唯物论哲学和巴甫洛夫学说及苏联心理学的热潮，认为学习苏联心理学就可以建立唯物主义的心理学。提出了在马列主义思想指导之下，巴甫洛夫学说基础之上改造心理学的口号。初步掌握条件反射实验方法，建立动物和人类条件反射实验室，验证巴甫洛夫学说的经典实验，并开展一些基本理论问题的评论和试探性的研究。在基本理论方面，探讨了心理活动与高级神经活动的关系问题；应用辩证唯物主义观点对心理学的几个主要流派，如构造学派、实用主义心理学、行为主义、格式塔心理学等展开批判。在生理心理学方面，研究了动物的辨别活动问题，对狗和猿猴进行了复杂运动链锁反射实验，以及动物与儿童高级神经活动类型的研究，儿童两种信号系统的相互传递，动力定型的顺序反应等。实验心理方面，有运动知觉阈限和速度判断以及似动现象的研究。

（二）初步繁荣阶段（1957—1965 年）

1957 年，全国心理学工作者曾对心理学教学和科研工作中存在的脱离实际的倾向开展了心理学如何联系实际、为经济建设服务问题的讨论。1962 年中国心理学会成立了教育心理专业委员会并制定了儿童心理年龄特征的五年研究规划，促进了科研和教学工作的开展。这时期设心理学专业的有北京大学、北京师范大学、华东师范大学和南京师范学院等，培养了一批心理学专业人员，还编写了比较适合中国教学需要的三本心理学教科书：《普通心理学》（曹日昌主编）、《教育心理学》（潘菽主编）、《儿童心理学》（朱智贤主编）。这阶段的研究工作在基本理论方面，对心理学的对象、任务、方法、学科性质、人的心理发展的动力问题等进行探讨，一系列论文被发表。

（三）停滞不前阶段（1966—1976 年）

"文化大革命"前夕的 1965 年 10 月，姚文元发表文章污蔑心理学是资产阶级伪科学。这是心理学界十年浩劫的前奏，也是 1958 年"心理学批判"偏差的继续和发展。这一阶段中国心理学事业处于完全停滞的状态。但在这黯淡的年月中，有少数人不畏艰险和困难，仍坚持心理学的著述工作。这十年使中国心理学与国际心理学水平的差距加大。

（四）重新恢复阶段（1977—1980 年）

"文化大革命"结束后，心理学重获新生，医治创伤，初步恢复起来。1977 年 6 月中国科学院心理所正式恢复；8 月在北京平谷召开了全国心理学学科规划会，重新调整了学科规划；11 月恢复了中国心理学会的活动；教育系统的科研和教学组织也陆续得到恢复和发展，北京大学、华东师范大学建立了心理系。为适应中国四个现代化的建设需要，中国心理学会 1978 年起先后分设了发展心理和教育心理、心理学基本理论、医学心理、体育运动心理、普通心理和实验心理、工业心理、生理心理等7个专业委员会,以及科学普及工作委员会和文献编译出版委员会等。

(五)稳定发展阶段(1981年至今)

中国心理学在整个80年代和步入90年代后随着改革开放不断深化,心理学各方面的工作也进行了一系列的改革,科研和教学工作逐步稳定发展,十多年来有了很大的进展和变化。高等学校的五大心理学系:北京大学(1978)、华东师范大学(1979)、杭州大学(1980)、北京师范大学(1981)和华南师范大学(1986)先后建立心理学系。它们的师资队伍充实,设备比较完善,教学和科研工作根据各自具有的不同特点而有所侧重。其他院校还有东北、西北、西南、华中等高等师范院校建有心理学专业;90年代后,东北师范大学、华中师范大学已建立心理系。其他省、市、自治区高等师范院校均设有心理学教研室;有的师范大学也成立了心理研究所,如西南师范大学的心理科学研究所,江西师范大学的心理技术应用研究所等;有的教育科学研究所内设有心理学研究室。

这一时期中国心理学会也有很大发展。1981年12月举行了第三次会员代表大会暨建会60周年学术会议(第四届全国学术会议),对中国心理学六十年进行回顾和总结。除中国心理学会外,还于1982年成立了中国社会心理学会,下设若干专业委员会,出版会刊《社会心理研究》(1990年创刊)。建立了一系列心理学科研和决策咨询机构,如北京市社会心理学研究所(1988)、沈阳市心理研究所(1994)等,为提高领导机关决策的科学化、民主化水平和城市现代化建设服务。

在教学与学科建设方面,到2008年,心理学本科专业已发展到260多所高校,108个单位拥有心理学硕士学位授予权,24个单位拥有心理学博士学位授予权。心理学专业的硕士生招生规模在2003年已经突破了1000人,各学科教材建设呈现出百花齐放的局面。不少心理学课程，如普通心理学、实验心理学、社会心理学、发展心理学、医学心理学、变态心理学、心理学史、体育心理学、教育心理学、管理心理学、心理健康教育等已被列入国家精品课程建设，大量国外有影响的心理学教材被翻译或影印出版，本科教学国家创新团队的建设正有序地进行。

在学术研究与影响力方面，科研基地建设日趋完善，形成了国家重点实验室、中国科学院重点实验室、教育部重点实验室，以及各省（市）级重点实验室或研究中心共同发展的格局。

当代心理学的发展是以西方学术思潮为主轴演进的，对人的心理与行为的研究主要是沿着自然科学范式而进行的。但是人的心理与行为必然受其所处的社会和文化环境的制约。不研究社会文化条件下的心理现象，就不可能正确理解人类的心理。改革开放 40 年，中国心理学家对心理学研究的中国化问题更为重视。

# 附录1： 中外心理学大事记

公元前

510年，孔子提出性习论、学知论、发展观和差异观等教育心理学思想。

420年，古希腊德谟克利特认为生活和心理活动都是灵魂的功能，也都是机械的作用。认定心理是物质派生的存在。

387年，柏拉图支持先天观，认为脑是心理过程的场所。

335年，亚里士多德反对先天观，认为心脏是心理过程的场所。

320年，孟子主张"性善论"，重视环境和教育在人性发展中的作用。在情意心理方面提出"寡欲""尚志"等

260年，荀子认为："形具而神生"，主张"性恶论"，注重"化性起伪"，所著《劝学》《解蔽》《正名》等专文，对学习、认识人性和思维等心理问题有较全面、系统的论述。

公元

70年，王充著《论衡》，其中论述有关感知觉、思维、注意、情欲和人性等心理学思想。

约100年，刘劭著《人物志》，提出人的才性与其鉴定问题。

约500年，范缜著《神灭论》，阐明形神关系问题。

1604年，约翰尼斯·开普勒指出视网膜上的成像是倒像。

1605年，弗朗西斯·培根的《学术的进展》出版。

1637年，莱恩·笛卡尔，法国哲学家、数学家，心身交感论与固有观念（或天赋观念）的提出者，出版了《方法谈》。

1690年，约翰·洛克，英国哲学家，反对笛卡尔的固有观念（或天赋观念），坚持心灵的"白板说"，出版了《人类理智论》，强调经验主义甚于思辨。

1774年，奥地利内科医生弗朗兹·梅斯梅尔首次利用动物磁性感应（后来被称为通磁术和催眠术）进行治疗。1777年被驱逐出维也纳医学界。

1793年，菲利普·皮奈尔从法国比赛特尔精神病院的枷锁中释放出首批精神病人，并主张以更人道的治疗方式对待精神病人。

1739年，休谟的《人性论》出版。书中主张用联想主义、现象主义及科学因果论阐明自然现象的规律。

1760年，麦斯麦发表动物磁性论，并提出麦斯麦术用于治疗精神病患者。

1765年，威廉·莱布尼茨的《人类理解新论》出版。

1802年，托马斯·杨的《色觉论》在英国出版（他的理论后来被称为三色论）。

1808年，德国内科医生弗朗兹·约瑟夫·高尔提出颅相学，认为人的颅骨形状可以揭示其心理能力和性格特征。

1816年，赫尔巴特的《心理学教科书》出版。

1834年，恩斯特·海因里希·韦伯的《触觉》出版，书中讨论了最小可觉差与韦伯定律。

1838年，法国精神病学创始人埃斯基罗尔创术语"幻觉"。

1843年，布雷德的《神经病学》出版，创术语"催眠术"。

1859年，查尔斯·达尔文的《物种起源》出版，综合了有关进化论的大量前期研究，包括发明"适者生存"一词的赫伯特·斯宾塞的研究。

1860年，费希纳的《心理物理学纲要》出版。

1861年，法国医师保尔·布罗卡在大脑左侧额叶发现负责口语生成的重要区域（现在称为布罗卡区）。

1869年，弗朗西斯·高尔顿出版《遗传的天才：它的规律与后果》，宣称智力是遗传的。

1872年，达尔文的《人和动物的表情》出版。强调人类意识和动物心理在发展上的连续性。

1874年，德国神经病和精神病学家卡尔·韦尼克证明，损伤左侧颞叶的一个特定部位会破坏理解或生成口头语或书面语的能力（现在称韦尼克区）。

1876年，弗朗西斯·高尔顿创造了"先天与后天"这一措辞来对应"遗传与环境"。

1876年，世界上第一种心理学杂志《心》在英国创刊，由培因任主编。

1878年，斯坦利·霍尔在哈佛大学获得美国第一个心理学博士学位。

1879年，威廉·冯特在德国莱比锡大学建立了第一个心理学实验室，成为全世界心理学学生的"圣地"。

1881年，威廉·冯特主编世界上第一种实验心理学杂志《哲学研究》；泰勒最先应用心理学方法研究增强工效问题，创立"泰勒制"。

1882年，普赖尔的《儿童心灵》出版，这是心理学史上第一部用观察和实验方法研究儿童心理发展的较系统的著作；霍尔在霍普金斯大学建立了美国第一个心理学实验室；别赫捷列夫在喀山建立俄国第一个心理学实验室，后来出版了《脊髓和脑的传导通路》。

1883年，冯特的学生斯坦利·霍尔在约翰霍普金斯大学建立了美国第一个正式的心理学实验室。

1885年，赫尔曼·艾宾浩斯的《记忆》出版，该书总结了他对学习和记忆所做的大量研究，其中包括"遗忘曲线"。

1887年，斯坦利·霍尔创办了美国第一种心理学期刊——《美国心理学杂志》。

1889年，法国第一个心理学实验室在巴黎大学落成，首届国际心理学代表大会在巴黎召开。

1890年，哈佛大学的哲学家和心理学家威廉·詹姆斯的《心理学原理》出版，将心理学描述为关于"精神生活的科学"。

1891年，詹姆斯·马克·鲍德温在多伦多大学建立了英联邦的第一个心理学实验室。

1892年，斯坦利·霍尔带头成立了美国心理学会，并担任首届主席。

1893年，玛丽·惠尔顿·卡尔金斯和克里斯廷·拉德－富兰克林成为美国心理学会首批女性会员。

1893年，美国《心理学评论》创刊，卡特尔任主编。

1895年，法国第一种心理学杂志——《心理学年报》创刊。

1896年，约翰·杜威发表《心理学中的反射弧概念》一文，促进了机能心理学派的形成。

1897年，英国第一个心理学实验室由沃德在剑桥大学建立。

1898年，哥伦比亚大学的爱德华·桑代克发表题为《动物的智慧》的文章，描述猫在迷箱中的学习实验。

1900年，西格蒙德·弗洛伊德的《梦的解析》出版，这是他在精神分析方面的主要理论著作。

1901年，英国心理协会成立。

1905年，爱德华·桑代克提出"效果律"；玛丽·惠尔顿·卡尔金斯成为美国心理学会的首任女性主席；伊万·彼得洛维奇·巴普洛夫开始陆续发表关于动物条件反射的研究成果；阿尔弗雷德·比奈和西奥多·西蒙在考察巴黎学生的能力和学术进展时发表了第一个智力测验。

1913年，约翰·华生在发表于《心理学评论》上的一篇题为《行为主义者眼中的心理学》的文章中概述了行为主义的宗旨。

1913年，华生发表了《行为主义者心目中的心理学》一文，标志行为主义心理学的建立。

1914年，在第一次世界大战中，罗伯特·耶基斯及其同事发明了一套用于评估美国士兵智力的测验题，增强了心理测验在美国公众中的被接受程度。

1917年，陈大齐在北京大学创建中国第一个心理学实验室；同年克勒的《人猿的智慧》出版。

1918年，陈大齐的《心理学纲要》出版，为中国最早的大学心理学教科书。

1919年，华生的《在行为主义者看来的心理学》出版。

1920年，莱塔·斯泰特·霍林沃斯的《低常儿童心理学》出版，这是一部早期经典著作；弗朗西斯·塞西尔·萨姆纳在美国克拉克大学心理学专业获得哲学博士学位，成为首位获得心理学博士学位的美国黑人；约翰·华生和罗莎莉·雷纳报告了对一个名为"小阿尔伯特"的男孩进行的恐惧反应训练。

1921年，莱塔·斯泰特·霍林沃斯因女性心理学方面的研究在《美国科学家》中受到表彰。

1922年，中国第一本心理学专业杂志——《心理》创刊，张耀翔任主编；约翰·奥古斯塔斯·拉尔森和伦纳德·基勒发明了多项记录器，又名"测谎仪"。

1923年，发展心理学家让·皮亚杰出版《儿童的语言和思维》。

1924年，玛丽·科弗·琼斯再次对一个男孩（彼得）进行恐惧反应训练，这是约瑟夫·沃尔普发明的系统脱敏法的前身。

1925年，郭任远在上海复旦大学创办心理学系，并着手筹建心理学院；陈鹤琴的《儿童心理之研究》出版。

1926年，北京大学成立心理学系；清华大学建立教育心理学系，后改为心理学系；中华教育文化基金董事会在南京东南大学设教育心理学讲座，聘艾伟进行测验研究工作；日本心理学会成立；印度心理学会成立；第8届国际心理学会议于9月6—11日在哥罗宁根召开，海曼斯任主席。

1927年，巴普洛夫的《大脑两半球机能讲义》出版。

1927年，安娜·弗洛伊德的《儿童精神分析技术引论》出版，讨论了精神分析在儿童心理治疗方面的应用。

1929年，沃尔夫冈·柯勒出版《完形心理学》，对行为主义提出批评，并概述了完形心理学的基本立场和方法。

1931年，玛格丽特·弗洛伊·沃什伯恩当选为美国国家科学院院士，成为迄今为止心理学界第一位也是唯一一位、科学界第二位获此殊荣的女性科学家。

1935年，克里斯蒂安娜·摩根和亨利·默里采用主题统觉法来诱导出接受精神分析治疗者的幻想。

1938年，斯金纳出版了《有机体的行为》，描述动物的操作性条件反射；路易斯·瑟斯通出版了《基本心理能力》，提出七种基本能力；乌戈·赛雷蒂和鲁西诺·比尼使用电击法治疗一位病人。

1939年，戴维·韦克斯勒发表了韦克斯勒—贝尔维智力测验，这是韦氏儿童智力量表（WISC）和韦氏成人智力量表（WAIS）的前身；玛米·菲普斯·克拉克获得霍华德大学硕士学位。她与肯尼斯·克拉克合作，对自己的论文《黑人学前儿童自我意思的发展》进行拓展研究，该研究在1954年被美国最高法院引用，作为中止公立学校种族隔离的判决依据；加拿大心理学会成立，创立者之一——爱德华·亚历山大·博特于1940年出任首届主席。

第二次世界大战为心理学家提供了许多提高心理学声望和影

响力的机会，尤其是在应用心理学领域。

1943年，心理学家斯塔克·哈撒韦和医师麦金利发表了明尼苏达多项人格问卷（MMPI），即明尼苏达多项人格测验。

1945年，曾批判过弗洛伊德的女性性发展理论的卡伦·霍尼出版了《我们的内心冲突》。

1946年，本杰明·斯波克的《婴幼儿抚育常识手册》出版，该书对北美洲的儿童抚养方式影响长达数十年之久。

1948年，阿尔弗雷德·金西及其同事出版了《男性性行为》；斯金纳的《沃尔登第二》出版，这是一部描写建立在正强化基础上的乌托邦社会的小说，成为号召将心理学原理应用于日常生活尤其是公共生活的响亮号角；欧内斯特·希尔加德的《学习理论》出版，该书成为北美几代心理学学生的必读书。

1949年，雷蒙德·卡特尔发表"16种人格特质问卷"（16PF），即卡特尔16种人格因素问卷；加拿大心理学家唐纳德·赫布的《行为的组织：神经心理学理论》出版，该书概述了关于神经系统运行机制的颇有影响的一套新概念。

1950年，所罗门·阿施发表线段长度判断中的从众效应研究。

1951年，卡尔·罗杰斯的《来访者中心治疗》出版。

1953年，尤金·阿塞琳斯基与纳撒尼尔·科莱特曼描述了睡眠过程中发生的快速眼动（REM）；珍妮特·泰勒在《变态心理学杂志》上发表《显性焦虑量表》一文。

1954年，亚伯拉罕·马斯洛出版了《动机与人格》，他在书中阐述了从生理需要到自我实现的动机层次，即马斯洛金字塔；加拿大麦吉尔大学的神经心理学家詹姆斯·奥尔兹和彼得·米尔纳阐述了老鼠对施与其下丘脑的电刺激产生的奖赏效应；戈登·奥尔波特出版了《偏见的性质》。

1956年，乔治·米勒在《心理学评论》上发表题为《不可思议的7±2：我们信息加工能力的局限性》一文，他在文中为研究记忆的学者们创造了"组块"一词。

1957年，查尔斯·菲尔斯特和斯金纳出版了《强化的程序》。

1959年，埃莉诺·吉布森和理查德·沃克发表"视崖"，报告了他们对婴儿深度知觉的研究；哈里·哈洛发表一篇题为《爱的天性》的文章，概述了他对猴子的依恋行为的研究；劳埃德·彼得森和玛格丽特·彼得森在《实验心理学杂志》上发表题为《个别言语项目的短时保持》一文，突出了复述在记忆中的重要性；约翰·蒂伯特和哈罗德·凯利的《群体社会心理学》出版。

1960年，乔治·斯珀林发表《短暂视觉呈现中的信息获取》一文。

1961年，杰罗格·冯·贝克西凭借在听觉生理学方面的研究获得诺贝尔奖；戴维·麦克莱兰的《成就社会》出版。

1962年，杰罗姆·卡根和霍华德·莫斯出版了《从出生到成熟》；斯坦利·沙克特和杰罗姆·辛格发表了支持情绪二因素论的研究成果《刺激导致唤起，主观情绪依赖于标定刺激的方式》。

1963年，雷蒙德·卡特尔区分了液体智力与晶体智力；斯坦利·米尔格拉姆在《变态与社会心理学杂志》上发表《顺从的行为研究》。

1965年，罗伯特·扎伊翁茨的《社会助长》发表于《科学》杂志。

1966年，南希·贝尔成为首位获得美国心理学会颁发的杰出科学贡献奖的女性；杰罗姆·布鲁纳及其在哈佛大学认知研究中心的同事出版了《认知发展的研究》；威廉·马斯特斯和弗吉尼亚·约翰森在《人类的性反应》中发表了他们的研究成果；艾伦·加德纳和比阿特丽克斯·加德纳在位于里诺的内华达大学开始教一只小黑猩猩学习手语;戴维·格林和约翰·斯威茨的《信号检测论与心理物理学》出版;朱利安·罗特发表了对控制点的研究,即控制点理论。

1967年,乌尔里克·奈什出版了《认知心理学》,促使了心理学避开行为主义、导向认知过程的研究;马丁·塞利格曼和史蒂文·梅尔发表对狗进行的《习得性无助》的研究成果。

1968年,理查德·阿特金森和理查德·希夫林发表了他们极具影响力的记忆信息的三级加工模型,包括感觉记忆(SM)、短时记忆(STM)和长时记忆(LTM);尼尔·米勒在《科学》杂志上发表了一篇描述自主反应中的工具性条件反射的文章,掀起了对生物反馈的研究热潮。

1969年,阿尔伯特·班杜拉出版了《行为矫正原理》;乔治·米勒发表美国心理学会主席就职演说:《促进人类幸福的心理学》,他在文中强调了"推广心理学"的重要性。

1971年,肯尼思·克拉克成为美国心理学会首位黑人主席;阿尔伯特·班杜拉的《社会学习理论》出版;艾伦·佩维奥出版了《表象与言语过程》;斯金纳出版了《超越自由和尊严》。

1972年,埃利奥特·阿伦森出版《社会性动物》;弗格斯·克雷克和罗伯特·洛克哈特在《言语学习与言语行为杂志》上发表《加工水平:记忆研究的框架》一文;罗伯特·莱斯科拉和艾伦·瓦格纳发表了有关巴甫洛夫经典条件作用的联合模型;美籍亚裔心理学会成立。

1973年,行为研究学者卡尔·冯·弗里施、康拉德·洛伦茨以及尼古拉斯·廷伯根凭借他们对动物行为的研究获得诺贝尔奖。

1974年,埃莉诺·麦科比和卡罗尔·杰克林出版了《性别差异心理学》。

1976年,拉尔夫·纳德在华盛顿特区举行的美国心理学年会上受邀发表了《让心理学走进消费者运动》的演说；桑德拉·伍德·斯卡尔和理查德·温伯格在《美国心理学家》杂志上发表《被白人家庭收养的黑人儿童的智商测验进展》一文。

1978年，卡内基梅隆大学的心理学家赫伯特·西蒙凭借计算机模拟人类思维和问题解决方面的开拓性研究赢得诺贝尔奖。

1979年，詹姆斯·吉布森出版了《视知觉的生态学研究方法》；伊丽莎白·洛夫特斯出版了《目击者证词》。

1981年，埃伦·兰格成为首位获得哈佛大学心理学系终身职位的女性；戴维·胡贝尔和托斯滕·威赛尔凭借对视觉皮质单细胞（等同于特征觉察器细胞）记录的研究获得诺贝尔奖；罗杰·斯佩里凭借对分裂脑病人的研究获得诺贝尔奖。

1984年，美国心理学会创建第44个分会（关于男女同性恋问题的心理学研究）。

1986年，罗伯特·斯滕伯格发表《智力的应用》一文，在文中提出了智力的三元论，即斯滕伯格的智力三元论。

1987年，伊丽莎白·斯卡伯勒和劳雷尔·弗罗默托出版了《未为人知的生活：第一代美国女心理学家》；盐酸氟西汀被用于治疗抑郁症；密歇根大学的威尔伯特·麦基奇获得第一个由美国心理学会颁发的教育与培训心理学杰出事业贡献奖。

1988年，美国心理学协会（The American Psychological Society）成立。

1990年，斯金纳获美国心理学会第一个终身杰出贡献奖，并发表了他的最后一篇公开演说——《心理学能成为心理的科学吗?》（几天后他就去世了，享年86岁。）

1991年，全美"提高大学生心理学教育质量"大会在马里兰州的圣玛丽学院举行，与会者的建议为心理学的很多教学计划带来了许多有益的变革；马丁·塞利格曼发表《习得性乐观主义》一文，预示了"积极心理学"（成功心理学）运动的到来。

1992年,"中学心理学教师"(TOPSS)作为美国心理学会的一个分会成立。约 3000 名美国中学生接受了首次心理学升级测验,希望借此可以在中学后期免修心理学的入门课程。

1993年,心理学家朱迪丝·罗丁当选为宾夕法尼亚大学的校长,成为常青藤联盟学校的首位女校长。

2002年,美国及以色列心理学家丹尼尔·卡尼曼将心理学成果与经济学研究有效结合,从而解释了人类在不确定条件下如何做出判断,是行为经济学和实验经济学的先驱,获得诺贝尔经济学奖;首届国际教育心理学会议在俄罗斯圣彼得堡举行,威尔伯特·麦基奇和查尔斯·布鲁尔为主题发言人。

2011年,瑞典心理学家托马斯·约斯塔·特兰斯特罗默获得诺贝尔文学奖。

2014年,挪威莫索尔夫妇因发现构成大脑定位系统的细胞获得诺贝尔生理或医学奖。

2017年,美国心理学家理查德·塞勒因为将心理学的洞察力融入经济理论和政策制定,对行为经济学做出的贡献,获得诺贝尔经济学奖。

# 附录2: 心理学家中英文姓名对照表

苏格拉底　Socrates
柏拉图　Plato
亚里士多德　Aristotle
伊壁鸠鲁　Epicurius
普罗提诺　Plotinus
奥古斯丁　Aurelius Augustin
厄理根纳　Scotus Eriugena
威廉·奥康　William Ockham
库萨·尼古拉　Cusanus Nicolaus
乔尔丹诺·布鲁诺　Giordano Bruno
托马斯·阿奎那　Thomas Aquinas
弗兰西斯·培根　Francis Bacon
阿里吉利·但丁　Alighieri Dante
达·芬奇　Da Vinci
笛卡尔　Rene Descartes
托马斯·霍布斯　Thomas Hobbes
约翰·洛克　John Locke
托马斯·里德　Thomas Reid
大卫·哈特莱　David Hartley
乔治·贝克莱　George Berkeley
大卫·休谟　David Hume
亚历山大·培因　Alexander Bain

## 附录2：心理学家中英文姓名对照表

托马斯·布朗　Thomas Brown
詹姆斯·穆勒　James Mill
拉·美特利　Julien Offray de La Mettrie
孔狄亚克　Etienne Bonnot De Condillac
爱尔维修　Claude Adrien Helvetius
德尼·狄德罗　Denis Diderot
霍尔巴赫　Paul Heinich Dietrich Holbach
斯宾诺莎　Baruch de Spinoza
莱布尼茨　Gottfried Wilhelm Von Leibniz
沃尔夫　Christion Wolff
康德　Immanuel Kant
赫尔巴特　Johann Friedrich Herbart
陆宰　Rudolf Hermann Lotze
盖伦　Galen
威廉·冯特　Wilhelm Wundt
赫尔曼·艾宾浩斯　Hermann Ebbinghaus
格奥尔格·缪勒　Georg Elias Muller
匹尔捷克　Alfons Pilzecker
舒曼　F. Shulman
乔思特　Adolph Jost
杨施　Erich Rudolf Jaensch
鲁宾　Edgar John Rubin
卡茨　David Katz
铁钦纳　Edward B. Titchener
詹姆斯　William James
艾默生　Ralph W. Emerson
梭罗　Henry Thoreau
萨克雷　William Thackeray

达尔文　Charles Darwin
弗兰西斯·高尔顿　Francis Galton
卡特尔　James Mckeen Gattell
霍尔　Granville Stanley Hall
杜威　John Dewey
安吉尔　James Rowland Angell
卡尔　Harvey A. Carr
桑代克　Edwad Lee Thorndike
武德沃斯　Robert Sessions Woodworth
华生　John Broadus Watson
谢切诺夫　Sechenov
巴甫洛夫　Pavlov
别赫切列夫　Vladimir Bekhterev
梅耶　Max Fredrick Meyer
麦独孤　W. Mc Dougall
霍尔特　Edwin Bissell Hort
魏斯　Albert Paul Weiss
亨特　Walter Samuel Hunter
拉什里　Karl Lashley
布里奇曼　Percy Williams Bridgman
马赫　Ernest Mach
卡尔纳普　Rudolf Carnap
石里克　Moritz Schlick
托尔曼　Edward Chase Tolman
赫尔　Clark L. Hull
斯金纳　Burrhus Frederich Skinner
阿尔伯特·班杜拉　Albert Bandura
黑格尔　G. W. F. Hegel

胡塞尔　Edmund Husserl

马克斯·韦特海默　M. Wertheimer

沃尔夫冈·苛勒　W. Kohler

库特·考夫卡　K. Kaffka

库特·勒温　Kurt Lewin

弗洛伊德　Sigmund Freud

叔本华　Arthur Schopenhauer

尼采　Friedrich Wilhelm Nietzsche

哈特曼　Erich Hartmann

布吕克　Ernst Brucke

荣格　Carl Gustav Jung

阿德勒　Alfred Adler

埃里克森　Erick Homburger Erikson

克莱因　Melanie Klein

霍尼　Karen Horney

弗洛姆　Erich Fromm

皮亚杰　Jean Piaget

乔治·米勒　George Miller

杰罗姆·布鲁纳　Jerome Seymour Bruner

古德罗　Goodnow

奥斯丁　Austin

西蒙　H. A. Simom

纽厄尔　A. Newell

费斯廷格　Leon Festinger

罗姆·哈里　Rom Harre

赫布　Donald Olding Hebb

赫根汉　B. Hergenhahn

罗洛·梅　R. May

马斯洛　　Abraham H. Maslow
布根塔尔　　J. F. Bugental
罗杰斯　　Carl Ransom Rogers
萨蒂奇　　A. Sutich
格罗夫　　S. Grof
维尔伯　　K. wilber
塔特　　C. Tart

# 附录3： 历届心理学家诺贝尔奖得主（1973—2017年）

| 年份 | 获奖者 | 国籍 | 所获奖项 | 获奖原因 |
| --- | --- | --- | --- | --- |
| 1973 | 康拉德·洛伦茨 | 奥地利 | 诺贝尔生理或医学奖 | 在个体和社会行为的构成和激发方面做出了重大的贡献 |
| 1978 | 希尔伯特·西蒙 | 美国 | 诺贝尔经济学奖 | 在经济组织内部决策过程方面的先驱性研究 |
| 1981 | 罗杰·斯佩里 | 美国 | 诺贝尔生理或医学奖 | 对大脑半球研究的贡献 |
| 2002 | 丹尼尔·卡尼曼 | 美国及以色列 | 诺贝尔经济学奖 | 将心理学成果与经济学研究有效结合，从而解释了人类在不确定条件下如何做出判断，是行为经济学和实验经济学的先驱 |
| 2011 | 托马斯·约斯塔·特兰斯特罗默 | 瑞典 | 诺贝尔文学奖 | 以凝练、简洁的形象及全新视角带人们接触现实 |
| 2014 | 莫索尔夫妇 | 挪威 | 诺贝尔生理或医学奖 | 发现构成大脑定位系统的细胞 |
| 2017 | 理查德·塞勒 | 美国 | 诺贝尔经济学奖 | 将心理学的洞察力融入经济理论和政策制定，对行为经济学做出的贡献 |

# 参考文献

[1] 黄希庭. 改革开放 30 年中国心理学的发展 [J]. 心理科学，2009，32（01）：2－5.

[2] 郭本禹，魏宏波. 心理学史一代宗师：高觉敷传 [M]. 南京：南京师范大学出版社，2012.

[3] 叶浩生. 心理学史 [M]. 北京：高等教育出版社，2015.

[4] 彭聃龄. 普通心理学 [M]. 北京：北京师范大学出版社，2012.

[5] 车文博. 当代西方心理学新词典 [M]. 长春：吉林人民出版社，2001.

[6] 叶浩生. 西方心理学的历史与体系 [M]. 2 版. 北京：人民教育出版社，2014.

[7] 舒尔茨. 现代心理学史 [M]. 杨立能，等译. 北京：人民教育出版社，1981.

[8] 车文博. 人本主义心理学 [M]. 杭州：浙江教育出版社，2003.

[9] 叶浩生. 西方心理学理论与流派 [M]. 广州：广东高等教育出版社，2004.

[10] 郭永玉. 精神的追寻——超个人心理学及其治疗理论研究 [M]. 武汉：华中师范大学出版社，2002.

[11] 王鹏. 经验的完形 格式塔心理学 [M]. 济南：山东教育出版社，2009.

[12] 叶浩生. 心理学通史 [M]. 北京：北京师范大学出版

社，2006.

[13] 车文博. 西方心理学史 [M]. 杭州：浙江教育出版社，1998.

[14] 波林. 实验心理学史 [M]. 高觉敷，译. 北京：商务印书馆，1981.

[15] 叶浩生. 西方心理学的历史与体系 [M]. 北京：人民教育出版社，2004.

[16] 黧黑. 心理学史——心理学主流思想的发展 [M]. 陈仁勇，译. 台北：野鹅出版社，1987.

[17] 舒尔茨. 现代心理学史 [M]. 10 版. 叶浩生，杨文登，译. 北京：中国轻工业出版社，2014.

[18] 许芳. 组织行为学原理与实务 [M]. 北京：清华大学出版社，2007.

[19] 江光荣. 人性的迷失与复归——罗杰斯的人本心理学 [M]. 武汉：湖北教育出版社，2000.

[20] 叶浩生. 心理学通史 [M]. 北京：北京师范大学出版社，2006.

[21] 奥布霍娃. 皮亚杰的概念 赞成与反对 [M]. 史民德，译. 北京：商务印书馆，1988.

[22] 许为勤. 布伦塔诺价值哲学 [M]. 贵阳：贵州人民出版社，2004.

[23] 杨鑫辉. 心理学历史与理论研究回眸 [M]. 南京：南京师范大学出版社，1999.

[24] 维·霍瑟萨尔. 心理学史 [M]. 郭本禹，译. 北京：人民邮电出版社，2011.

[25] 张承芬，马广海. 社会心理学 [M]. 济南：山东人民出版社，2010.

[26] 徐斌艳，吴刚. 建构主义教育研究 [M]. 北京：教育科学

出版社，2008.

[27] 覃辉，鲍勤. 建构主义教学策略实证研究［M］. 昆明：云南大学出版社，2010.

[28] 杨韶刚. 人性的彰显——人本主义心理学［M］. 济南：山东教育出版社，2009.